대학생활
완전정복

꿈을 찾은 선배들의 대학생활 완전정복

지은이 김민수 김서환 박덩이 윤준필 이성환 주광호

★★★ 장학금 플랫폼 드림스폰 강력 추천

★★★ 600만 20대들의 삶을 변화시킬 책

★★★ 가장 실용적인 대학생활 지침서

★★★ 재외 동포 경제인 한상 CEO 추천

대학생 2회차가 될 수 있는 필수 기술

꿈을 찾는 여정부터 대학생활 노하우까지

 • 일반고 6.8등급이었던 약대생
 • 셰프가 되기 위해 프랑스로 떠난 서울대생
 • 대기업을 그만둔 NGO 사무국장

 • 아프리카에서 CEO가 된 자퇴생
 • 공모전 50개를 휩쓴 의대생
 • 가정 밖 청소년들에게서 꿈을 찾은 로스쿨생

● 저자 소개

김민수

고교 내신: 6.8등급, 학점: 1.9점/4.5점, 어학성적: 없음, 자격증: 1종 보통

10년 전, 저의 스펙입니다.

지극히 평범한, 아니 어쩌면 그보다 못한 꿈조차 없던 20대 초반의 청년이 어떻게 대단한 스펙을 가진 공동저자분들과 어깨를 나란히 하며 글을 쓸 수 있게 되었을까요? 10년 전 저의 모습과 닮아 있는 청년들에게 그 방법들을 공유하고자 합니다.

김서환

서울대학교 농업자원경제학과 학사 과정 졸업 후 서울에 있는 미슐랭 1스타 레스토랑 '무오키(MUOKI)'에 인턴으로 입사했습니다. 이후 프랑스 명문 요리학교인 Institut Paul Bocuse 학사 과정을 졸업하고, 파리 미슐랭 3스타 레스토랑인 Plénitude, Arpège, Guy Savoy 등에서 경력을 쌓으며 최초의 서울대 출신 미슐랭 셰프라는 꿈을 향해 달려가고 있습니다.

박덩이

경북도립대학교 자동차정비학과 중퇴 후, KOICA 봉사단으로 탄자니아 국립교통대에서 3년간 자동차 정비 강사를 했습니다. 그 후 탄자니아에서 자동차 정비 사업을 시작했습니다.

탄자니아와 잔지바르, 케냐에서 한국 민간기업, 외교부, KOTRA, 한국수출입은행, 한·아프리카재단, NGO, 그리고 아프리카 한인회를 위해 퍼실리테이터로 봉사하고 있습니다.

『tvN』의 「인생에 한 번쯤, 킬리만자로」, 『KBS』의 「세계로 나간 청년들」, 『YTN』의 「글로벌 청년 해외 진출기」, 한-아프리카 정상회담 특집 『KBS』「9시 뉴스」와 「다큐 On」 방송을 위한 탄자니아 현지 코디네이터로 활동하였습니다.

윤준필

금호아시아나그룹 ㈜금호산업 인재경영팀, 해외사업팀에 근무했습니다. 이후, 사막화 방지 및 국제교류 NPO에서 '10년을 보고 나무를 심고, 100년을 보고 인재를 키우는 사업'을 운영했으며, 청년을 대상으로 하는 원룸 무상 제공 사업을 기획하고 추진했습니다.

'글로벌'과 '다음 세대'에 관심이 있습니다. 현재 세계 각지에서 성공한 재외동포 경제인(한상: 韓商)이 차세대 인재를 양성하기 위해 설립한 공익법인 '글로벌한상드림'의 사무국장으로 일하고 있습니다.

개인 저서로는 『취업, 스펙에 스토리를 더하다』를, 공동저서로는 『한중 30년 새로운 미래를 향해』를 저술했습니다. 그 외에도 국제교류와 다음 세대 관련 기관에서 자문위원을 맡고 있습니다.

이성환

공모전 수상 46회, 6년 전액 장학생의 경력을 가지고 있습니다. 의과대학 학생회장을 역임했고, 현재는 대한공중보건의사협의회 회장으로 근무하고 있습니다.

이러한 화려한 스펙의 이면에는 50회 이상의 공모전에서 실패하고, 창업은 포기로 돌아갔으며 쓰던 논문을 마무리하지 못한 경험도 가지고 있는 청년입니다.

압축적으로 삶을 살아가는 능력과 모든 것에서 교훈을 얻기 위한 치열한 노력은 누구와 비교해도 뒤지지 않는다고 생각합니다. 앞으로도 스스로의 길을 무던히 걸어 나가고, 성과와 실패 그 모든 과정을 청년 독자들과 공유하기 위해 최선을 다하겠습니다.

주광호

아동인권을 대변하는 공익변호사가 되길 꿈꾸며 로스쿨에서 공부 중입니다. 저는 어린 시절부터 가족, 지역사회, 은사님, 장학재단 등으로부터 많은 도움을 받았습니다. 그렇기에 항상 받은 것 이상을 사회에 기여하고 싶다는 꿈을 갖고 진로에 대해 고민했습니다. 이에 연세대학교 심리학과를 졸업하고 로스쿨에 진학했습니다.

고등학생 시절부터 로스쿨에 재학 중인 지금까지 20회 이상 장학금을 받았으며 7년간 교육봉사, 프리랜서, 과외, 아르바이트 등 다양한 경험을 했습니다. 최근에는 자립준비청년, 가정 밖 청소년에 관심이 많아 관련 활동을 이어가고 있습니다.

● 프롤로그

박덩이 저자

　사실 제가 이렇게 글을 쓰게 될 줄은 몰랐습니다. 저는 공업고등학교를 졸업하고, 그 흔한 대학 졸업장도 없는 30대 후반의 청년입니다. 게다가 오랜 해외 생활로 한국어도 자주 사용하지 않아 맞춤법조차 서툰 제가 글을 쓴다니요. 아이러니한 상황에 참 자신이 없었습니다. 하지만 저자들과 함께 이야기를 나누면서 제 삶의 궤적 역시 의미 있다는 생각이 들었습니다. 그들의 세심한 배려와 존중 덕분에 용기를 가지고 펜을 들게 되었습니다.

　저는 지금 탄자니아 다르에스 살람에서 케냐로 약 900km를 이동 중입니다. 이곳의 7, 8월은 한국과는 반대로 겨울입니다. 절기에 따라 변화무쌍한 날씨와 환경을 경험하곤 하는데, 마침 지금 비가 내리고 있네요. 육로로 탄자니아 다르에스 살람에서 케냐 나이로비까지는 20시간 정도 정도 소요됩니다. 아프리카에 살고 있는 동물들은 생존을 위해 이 머나먼 길을 무리 지어 서로 도우며 이동합니다. 험난한 길을 함께 걸어가는 저희의 인생도 이와 마찬가지라고 생각합니다.

케냐에 진출한 후에는 자동차 정비 사업을 넘어 한국인을 대상으로 하는 관광 가이드로 새로운 수익을 내고 있습니다. 케냐는 탄자니아와 인접해 있지만 다른 점도 참 많았습니다. 그 탓에 여러 해프닝을 직접 겪고 나서야 케냐 진출의 허브를 만들어 낼 수 있었습니다. 매 순간 고민하고 부딪히며 얻은 경험들은 돈으로 살 수 없습니다. 이러한 경험과 도전들을 여러분과 함께 나누고 싶습니다.

진심을 담아 글을 써보겠습니다. 한국을 떠나 15년간 탄자니아에서 경험한 일들을 돌아보며, 해외진출을 원하거나 저와 비슷한 삶의 방향에서 의미를 찾으시는 학생들에게 작게나마 도움이 되었으면 좋겠습니다. 저의 진심을 담은 경험이 또 다른 울림이 되길 바랍니다.

이성환 저자

운이 좋게도 제 주변에는 항상 훌륭하고 롤모델로 삼을만한 친구들이 있었고, 저 역시도 자기 성장에 대한 강한 열망을 가지고 있었습니다. 그러나 의학 공부도 바쁜데 다른 것들을 할 수 있겠냐는 선입견이 많았습니다. 저는 의학이라는 특수 분야의 전공 공부를 하면서 보편적인 세상과 멀어질 수 있다는 막연한 두려움을 넘어서고 싶었습니다. 그랬기에 20대의 매 순간을 그야말로 꽉 채워서 살았습니다.

대략 100여 차례나 되는 공모전에 출품하였고 학술지에 논문도 기고해 보았으며, 6년간 전액 장학금이라는 혜택을 누리기도 했습니다. 또 학생회장으로서 모교의 학우들을 위해 봉사할 기회도 얻었습니다. 이러한 에너지는 지금도 제 삶에 지속되고 있습니다. 현재 저는 대한공중보건의사협의회 회장으로서 전국 각지에서 고생하고 있는 공중보건의사의 권익 증진과 처우 개선에 앞장서고 있습니다.

이 글을 쓰는 목적은 제가 열심히 살았다는 사실이나 성과 등을 자랑하기 위함이 절대 아닙니다. 그보다는 그간 제가 선례 없이 많은 과정을 걸으며 헤맸던 부분들을 공유하여 여러분께서는 삶의 이해를 높이며 필요한 길을 걸으셨으면 하는 바람에서 펜을 들게 되었습니다.

세상에는 할 수 있는 일, 또 해보고 싶은 일이 참 많습니다. 하지만 내가 어떤 것을 할 것인지, 그리고 그 일을 왜 해야만 하는지 스스로 고민해야 합니다. 이를 위해서는, 나를 위한 절대적 시간이 필요하기에 그 시간을 확보하는 과정을 담아내고자 하였습니다.

주광호 저자

　몇 번을 망설이던 글을 이렇게나마 시작합니다. 저는 6명의 공동 저자 중 로스쿨에 재학 중인 주광호입니다. 대학 시절 저는 '아 그 심리학과 바쁜 애?'로 통하곤 했습니다. 학점, 봉사 활동, 서포터즈, 동아리, 아르바이트, 프리랜서까지 동시에, 그것도 몇 학기를 연달아 했으니 그렇게 불릴 만도 했습니다.

　누군가는 제가 지금까지 해온 노력이 이상적이라 생각할지도 모르겠습니다. 그러나 저는 제 삶이 절대적인 정답이 아님을 잘 알고 있습니다. 그 과정에서 놓친 것도, 흔들린 순간도 많기 때문입니다. 실패한 순간도 물론이고요. 그렇기에 저는 이 책에서 무엇이 정답인지 제시하기보다 제가 겪은 상황과 고민들을 꾸밈없이 써 내려가고자 노력했습니다. 여러분께 제 이야기가 하나의 사례로, 혹은 반면교사로 적용되기를 희망합니다.

　제가 여러분께 이 책을 추천하는 것은 크게 두 가지 이유 때문입니다.

첫째, 이 책은 대학생들의 보편적인 고민을 두루 다루고 있습니다. 6명의 작가들이 학점부터 진로, 장학금, 편입, 인간관계 등 각자 자신의 경험과 고민을 진솔하게 이야기하고 있습니다. 대학생, 청년이라면 누구에게든 이 책이 도움 될 것이라 확신합니다.

둘째, 서울대 출신 셰프, 탄자니아에서 사업을 시작한 청년, 학창시절 공모전을 휩쓸었던 의사, 노력으로 환경을 극복한 약대생 등 주변에서 쉽게 볼 수 없는 분들이 모여 글을 작성했습니다. 그동안 수많은 또래를 만났지만 이토록 훌륭한 분들은 드물었습니다. 공동저자분들의 치열한 고민과 꿈을 향해 달려가는 과정은 제게도 많은 배움을 주었습니다.

평소 제가 책을 읽을 때 떠올리는 글귀가 있습니다. "이 글이 부족하더라도 작은 것이라도 배우고자 하는 자는 배울 것이다"라는 존 버니언의 말입니다. 다른 저자님들에 비해 부족한 글이지만 부디 너른 마음으로 읽어주시길 바랍니다.

목 차

저자 소개
프롤로그 박덩이 저자 / 이성환 저자 / 주광호 저자

1. 대학만 가면 끝날 줄 알았는데…

- 전지분유를 숨기던 초등학생, 약대 편입생이 되다 / 김민수 ········ 18
- 서울대를 졸업하고 설거지부터 시작하다 / 김서환 ········ 25
- 아이들이 쏘아 올린 변호사의 꿈 / 주광호 ········ 34
- 자퇴생, 탄자니아에 정비소를 창업하다 / 박덩이 ········ 43

2. 대학생활 사용설명서 (기본 편)

- 학점 관리: 대학생활 필수과제 / 김민수 ········ 56
- 동아리: 대학생활의 낭만 / 주광호 ········ 61
- 장학금: 대학생활을 더 풍부하게, 더 풍족하게 / 주광호, 이성환 ········ 68
- 공모전: 대학생활 커리어의 시작 / 이성환 ········ 97
- 대학생활: 틀에 박힐 필요는 없어 / 김서환 ········ 109

3. 대학생활 사용설명서 (심화 편)

- 과외: 시간의 가성비 높이기 / 이성환 ········ 118
- 교환학생: 우물 밖 개구리 되기 / 김서환 ········ 125
- 편입: 슬기로운 수험생활 / 김민수 ········ 134
- 중고차: 20대에 구매해야 하는 이유 / 김민수 ········ 150
- 사회생활: 시작점으로서의 대학
  / 김민수, 김서환, 이성환, 주광호, 박덩이 ········ 160

4. 청년들이 들려주는 곡선의 삶

- 계획대로 되면 그게 인생이야? / 김서환 ········· **174**
- 23살, 벼랑 끝에 서다 / 주광호 ········· **183**
- 아프리카에서 살아남기 / 박덩이 ········· **191**
- 대기업을 포기하고 NGO로 가다 / 윤준필 ········· **205**

5. 찐 어른이 답해주는, 20대의 FAQ (윤준필)

- **Q.** 경쟁에서 낙오되었을 때 자신을 지키려면? ········· **215**
- **Q.** 잘하는 게 없는 나, 어떡하죠? ········· **219**
- **Q.** 대학생이 했으면 하는 활동 하나가 있다면? ········· **222**
- **Q.** 늘 혼자 있는 나, 잘못된 건가요? ········· **226**
- **Q.** 모든 게 제 탓처럼 느껴질 때는 어떡해야 할까요? ········· **229**
- **Q.** 저의 노력과 진심이 거절당하면 어떡하죠? ········· **233**
- **Q.** 연애? 결혼? 어떤 사람을 만나야 할까요? ········· **237**
- **Q.** 꿈은 어떻게 찾아야 하나요? ········· **241**

에필로그

1

대학만 가면
끝날 줄
알았는데…

전지분유를 숨기던 초등학생, 약대 편입생이 되다

● 김민수

| 나는 초등학생 시절 방학이 그렇게나 싫었다

초등학교 시절, 방학식 전날 형편이 어려운 학생들을 모아 전지분유를 한 팩씩 줬다. 선생님들께선 나름 다른 학생들 몰래 준다고 교무실로 부르긴 했지만, 방송으로 학생들을 호명하였고 몇몇 학생들은 이미 그 이유를 알고 있었다. 그렇게 교무실에서 받은 전지분유를 품에 안고 교실로 향할 때면 '친구들이 물어보면 뭐라 답해야 하지?'부터 고민했었다.

어김없이 친구들은 왜 너희만 받는지를 물어왔고, 나는 다 알면서도 잘 모르겠다고 얼버무릴 뿐이었다. 나는 집안 형편상 학창 시절 4번의 이사와 3번의 전학을 경험했다. 이 때문에 나에게는 어렸을 때부터 함께 자라온 오래된 친구는 물론, 마음 놓고 서로를 의지할 수 있는 친구도 없었다.

사춘기의 나는 환경이 자주 바뀌는 것을 감당하기 힘들어했다. 특히 중학교 시절 수도권에서 경상도로 전학을 갔을 때가 가장 힘들었다. 경상도 아이들에게 나는 그저 '서울 애'였다. 쉬는 시간마다 친구들에게 둘러싸여 서울말을 써보라는 요구에 시달렸다. 그들에게는 그저 호기심이었겠지만 내게는 굉장한 스트레스였다. 무시당하는 것 같은 기분이 싫어 집에 오면 혼자 거울을 보고 사투리를 연습했다. 내 관심사는 오로지 '적응'이었다. 사투리에 익숙해지자 더 이상 이방인 취급은 받지 않았고 친구들도 생겨났다. 결국 적응에는 성공했지만 친구들과 어울려 다니기 시작하며 자연스레 공부와는 거리가 멀어졌다.

| **'현타'에서 동기를 얻다**

부끄럽지만 고등학교 때 나의 내신 성적은 6~7등급이다. 그래도 고등학교 3학년 시절에는 나름 열심히 해보겠다고 좋은 학원을 찾아다녔고, 우연찮게 조그만 학원에서 수학과 교수 출신 선생님을 만나 지방 국립 대학교에 진학할 수 있었다. 하지만 당시 내게

는 꿈도 비전도 없었다. 게다가 대학에 진학하고 나면 더 이상 내 인생에 공부는 없을 줄 알았다. 1학년 1학기 때는 선배, 동기들과 매일 같이 술을 마시고 게임에 빠져 살았다. 학교도 잘 나가지 않았고 학점은 1점대였다. 2학기 때도 마찬가지였다. 딱 하나 달라진 것이 있었다면 술에 취해 집으로 가는 길이 항상 '현타'의 연속이었다는 것 정도. 이렇다 할 인맥도 비전도 없는 내가, 살면서 노력을 통해 결과를 얻어본 적도 없는 내가 대체 무얼 믿고 이렇게 사는지 두려워지기 시작했다. 나는 그 길로 군대에 지원했다.

그렇게 입대한 군대. 부끄럽지만 전역을 얼마 앞둔 시점까지도 막연히 미래에 대해 걱정만 하고 있었다. 그러던 중 족구를 하다 발목 인대를 다쳐 한 달 이상 입원실 신세를 졌다. 후임 한 명과 같은 입원실을 쓰면서 자신은 어떻게 살아왔고 앞으로는 무엇을 할지 이런저런 얘기를 나누었다. 후임은 명문대에 재학 중이며 학점이 좋다고 했다. 그와 달리 물려받을 재산도, 마땅히 잘하는 것도 없던 나는 장래에 대한 고민을 터놓았고, 후임은 우선 학점 관리부터 해보라며 본인의 학점 관리 팁과 대학생활의 이것저것을 알려주었다.

복학 후 나의 첫 목표는 학점을 잘 받는 것이었다. 밑져야 본전이라는 생각으로 후임이 전해준 팁을 정말 열심히 따라 했다. 그 결과 놀랍게도 올 A+, 4.5의 학점을 받았다. 1점대에서 4.5점을 받아보니 그 기분은 이루 말할 수가 없었다. 23살, 살면서 처음으로 내 노력을 통해 원하는 결과를 얻어본 것이다. 한 번 만점이라는 성적을 받아보니 당시엔 거창한 목표보다는 그 점수를 놓치고 싶지 않았다. 그렇게 세 학기 연속 모든 과목 A+를 받고 재수강을 거듭하니 어느새 나는 '과탑'이 되어 있었다.

나는 공부를 하면서도 생활비를 마련하기 위해 국가 근로와 아르바이트 등을 병행해야 했다. 틈틈이 공부하기 위해 내가 선택한 아르바이트는 야간 보안 업무였다. 야간 보안의 주요 업무는 3~4시간에 한 번 순찰을 하고 초소에서 대기하며 야간 작업자들의 신원 확인, 출입문 개폐 등을 하는 것이었다. 정해진 일만 한다면 책을 가져와 공부해도 관리자들은 딱히 제재를 가하지 않았다. 그렇게 나는 학업과 생활비라는 두 마리 토끼를 모두 잡을 수 있었다.

| 가장 어려운 길, 약대 편입을 선택하다

대학교 3학년이 끝나갈 무렵 미래에 관한 결정을 내려야 할 시기가 왔다. 당시 나에게는 세 가지 선택권이 있었다. 대학원에 진학해 연구원으로 제약회사 등에 취업을 하든지, 7급 공무원을 준비하든지, 아니면 약대 편입을 준비하든지. 나는 가장 어려운 길이지만 명예와 부를 모두 얻을 수 있는 약사가 되기로 마음먹었다. 약대 편입은 학점이 중요했기에 내 성적이면 꽤 유리한 위치에서 시작하는 거라고 생각했다. 선배들을 통해 무척 어려운 공부라는 이야기는 대충 들었지만 노력을 통해 성과를 내본 나는 학과 공부처럼 열심히 하면 안 될 것이 없다고 생각했다.

그러나 당장 학원비가 없었던 나는 학교를 휴학하고 돈을 모았다. 그렇게 아르바이트를 하며 6개월 동안 1년 학원비를 마련했고 그해 9월, 약대 편입학원을 등록했다. 한 달간 수업을 들어보니 대학교 시험공부와는 완전히 다르고 내용 역시 너무 어려웠다. 다른 학생들은 나보다 2개월 먼저 준비를 시작했고 학벌도 좋았던지라 기초 지식에서부터 차이가 있었다. 이런 격차를 줄이기 위해 남들보다 공부 시간을 더 늘리기로 생각했다. 학원은 아침 6시부터 밤 11시까지 운영했는데 난 그 시간 전부를 학원에서 보냈다.

그렇게 3~4개월의 시간을 보냈을 무렵, 나는 깨달았다. 학원비만 생각하고 생활비는 따로 모아놓지 않았기에 시험일까지 학원을 다닐 수 없다는 사실을 말이다. 하루 6천 원으로 식비를 해결하고 고시원에서 제공해 주는 라면을 먹으며 생활비를 아꼈고 주말에는 숙박업소 야간 아르바이트까지 했었지만 턱없이 부족했다. 스스로가 너무 한심하고 바보 같았다. 그러나 어쩔 수 없는 일이었다. 결국 학원을 그만두고 인터넷 강의를 들어야 했다. 인터넷 강의로 공부를 하다 보니 초반에는 적응하기가 힘들었다. 왜 나는 다른 학생들과 다르게 시험 준비 비용도 혼자 벌고, 그것마저 계산을 잘못해 힘들게 공부해야 하는 건지. 나의 현실을 받아들이기 힘들었다.

하지만 그런 생각을 할수록 결국 나만 손해였다. 돌이킬 수 없었기에 정말 열심히 공부했다. 학원에서 수십 명이 같이 공부하던 환경을 떠올리며 스스로 긴장감을 조성하고자 노력했다. SNS를 삭제하고 밥을 먹을 때나 화장실에서도 책을 보았다. 가끔 휴식을 취할 때는 공부법이나 동기부여 영상을 보며 마음을 다잡았다. 시험을 한 달여 남기고 이번 해는 힘들 거라 생각했지만, 끝까지 최선을 다했다.

그럼에도 첫 시험 결과는 서류 탈락이었다. 1차 서류 모집전형에서 모집인원의 3배수까지 뽑는 대학에 1배수 정도로 지원을 해보았지만 서류 탈락이라는 고배를 마시고는 눈물을 훔쳤다. 절망스러웠지만, 내년에는 기필코 전국 최상위권의 성적을 받아서 나를 탈락시킨 대학에 내 나름의 복수를 하겠다는 생각을 했다.

그렇게 이듬해, 나는 전국 200등 정도의 꽤 높은 성적을 얻었다. 전년도에 내가 떨어졌던 학교들에 모의 지원해 보니 모두 1등이었다. 정말 기분이 좋았다. 나만의 옹졸한 복수는 완벽하게 성공했다. 그렇게 나는 더 높은 점수대의 학교에 모두 합격할 수 있었다. 약대 편입은 내 인생을 180도 돌려놓았다. 물론 합격 자체도 정말 행복했지만, 가장 큰 소득은 스스로 목표를 설정하고 모든 힘을 다해 그것을 얻어냈다는 사실이었다. 이는 나에게 있어 가슴속 깊이 '성공의 기억'으로 남게 되었다. 어떤 목표든 노력만 한다면 성취할 수 있다고 힘을 주는 '성공의 기억'.

이 책을 읽는 여러분도 자신만의 '성공의 기억'을 꼭 가져보면 좋겠다. 어떤 목표든지 노력을 통해 성취한다면 자신감도, 자존감도 높아진다. 그 기억은 평생 자신을 이끌어 주는 스승이 될 것이다. 계기가 무엇인지는 상관없다. 자신의 현재 모습보다 더 나은 모습으로 변하고 싶다면 마음을 굳세게 가지고 지금의 상황을 꼭 바꿔보길 바란다.

당신의 미래를 바꿀 수 있는 절호의 기회가 될 것이다.

서울대를 졸업하고
설거지부터 시작하다

● 김서환

　진로에 대한 고민은 청소년기를 넘어 대학에 진학하고, 심지어 졸업 후에도 쉽게 풀리지 않는 문제이다. 단순히 남들이 선호하는 직업을 갖는 것도 나쁘지 않다. 하지만 아무리 많은 돈을 벌 수 있는 직업이더라도 나의 적성과 흥미에 맞지 않는다면 그만큼 힘든 일도 없을 것이다. 몇 년 동안 힘들게 공부하여 변호사 자격증을 취득하거나 고시에 합격하고도 적성과 맞지 않아 다른 직종을 찾는 경우를 주변에서 많이 보았다.

　내 꿈은 변호사였다. 드라마나 영화에 나오는, 논리적이고 화려한 언변으로 사람들에게 도움을 줄 수 있는 사람. 그런 사람이 되고 싶었다. 하지만 나는 오랫동안 책을 집중해서 읽기 힘들었다.

줄글을 오랫동안 읽으면 눈이 피로해져 난시처럼 글자가 두 개로 보이고, 금세 눈이 뻑뻑해졌다. 수능을 준비하던 때는 안경도 끼고, 인공눈물을 달고 살며 겨우 버텼다. 그런데 이러한 신체적 문제는 수많은 판례와 법전을 읽어야 하는 법조인이라는 직업에 치명적일 수밖에 없었다.

나는 법조인이라는 꿈 대신, 대입 준비 당시 관심을 가지고 있던 경제학과 수학, 프랑스어를 더 공부하여 국제기구에서 일하고 싶다는 새로운 꿈을 꾸게 되었다. 내가 가진 외국어 실력과 경제학적 지식을 활용해 개발도상국 발전에 이바지할 수 있다면 보람 있겠다 생각했기 때문이었다.

하지만 군대에서 사회생활을 하며 나는 ① 내가 원하지 않는 일을 하는 것과 ② 관료제의 불합리함(무조건적인 상명하복)을 견딜 수 없다는 사실을 깨달았다. 그로 인해 국제기구의 꿈도 조금 시들해졌다. 개인 사업을 하지 않는 이상 조직에 들어가면 내가 원하는 일만 할 수는 없을뿐더러, 큰 관료제 안에서 톱니바퀴처럼 일하는 것은 쉽지 않기 때문이었다.

| 나만의 기준으로 진로 고민하기

군 생활을 마치고 진로에 대해 깊게 생각하며 여러 가지 기준을 세워 방향을 설정하였다.

① 관심도
② 적합성
③ 내가 추구하는 가치

첫 번째, '관심도'는 말 그대로 내가 그 분야에 관심이 있는지를 의미한다. 해당 직종에서 하는 일과 관련될 수도, 그 직종을 갖기 위해 준비해야 하는 것들에 대한 관심일 수도 있다. 예를 들어 한국 최고의 명문대에 들어가는 것은 내 관심 사항이지만 이를 이루기 위해 내가 별로 좋아하지 않는 과목들을 억지로 공부하는 것은 맞지 않았다.

두 번째, '적합성'은 일과 나의 성격, 신체적 한계, 직업의 단점을 견딜 수 있는지 등을 의미한다. 예를 들어, 나는 신체적 한계로 인해 줄글을 오랫동안 읽는 건 힘들었지만 내가 좋아하는 일은 잠도 줄여가며 남들보다 2~3배의 노력을 기울일 끈기를 가지고 있었다. 또 그런 일을 할 때는 스트레스도 훨씬 적게 받았다. 그렇다면 나에게 이런 일은 무엇일까? 경제학이나 수학 공부, 온라인 게임 그리고 요리였다.

세 번째, '내가 추구하는 가치'는 내가 일을 통해 얻고 싶은 것을 말한다. 이를테면 금전적인 보상, 명예, 대중들의 관심, 보람 등이다. 나는 대중적인 관심은 전혀 필요하지 않았다. 하지만 일을 하면서 얻는 개인적인 보람과 금전적인 보상은 중요했다. 일반적으로 우리는 일주일에 5일, 하루에 적게는 8시간 많게는 12시간씩 일을 할 텐데 일을 하며 보람을 느낄 수 없다면 나는 그 일을 할 수 없을 것 같았다.

| 네 개의 진로에서 꿈 찾기

당시 내가 관심 있던 진로는 법조인, 고시, 대기업, 스타트업 네 가지였다. 이를 다음과 같이 표로 정리해 보았다.

	관심 유무	적합성 유무	내가 추구하는 가치
법조인	○	×	○
고시 공부 (5급 공무원, 회계사)	×	×	?
대기업 취직	○	×	×
스타트업	○	○	○

먼저 법조인의 경우, 어렸을 때부터 관심을 갖던 분야였다. 조문과 판례를 공부한 적은 없지만, 고등학생 시절 영어 모의법정 대회에 참가하며 논리적인 말하기와 설득하는 것에 재미를 느꼈기 때문이다(관심도 ○). 또한 재판에서 승소하거나 고객들에게 법적 자문을 하며 보람을 얻을 수 있고 금전적 보상 또한 적지 않았다(내가 추구하는 가치 ○). 하지만 오랫동안 글을 읽는 게 신체적으로 굉장히 어려웠고 이는 노력으로 극복하기 불가능했기에 결국 포기했다(적합성 ×).

두 번째, 고시 공부. 주변에서 많이 선택하는 분야였다. 하지만 5급 공무원이 되기 위해서 내가 전혀 관심 없는 행정학, 정치학과 같은 과목을 공부해야 했다. 전공 서적과 같이 두꺼운 책을 하루에 10시간 이상, 몇 년간 공부해야 한다는 사실은 나로 하여금 빠른 포기를 할 수 있도록 도와주었다(적합성 ×). 회계사의 경우에는 내게 수학적 재능이 있다는 점에서는 매력적이었지만, 이 일을 하며 내가 보람을 느낄 수 있을지가 미지수였다(내가 추구하는 가치 ?).

세 번째, 대기업 취직. 이 진로 또한 주변에서 많이들 준비하는 길이었다. 내가 관심 있는 분야의 기업으로 지원한다면 좋은 선택 같았지만(관심도 ○), 내가 대기업 속 하나의 부품으로서 보람을 느낄 수는 없을 것 같았다(추구하는 가치 ×). 특히나 이미 군대에서 관료제의 불합리함을 힘들어한다는 것을 알았기에 이 또한 선택지에서 제외되었다(적합성 ×).

마지막으로 스타트업이 남았다. 내가 관심 있는 분야에서 일한다면 지치지 않고 일을 할 수 있을 것 같았고(관심도 ○), 스트레스도 덜 받으며 2~3배의 노력할 수 있을 것으로 예상됐다(적합 유무 ○). 또한 회사를 키워 나가며 보람도 느낄 수 있고 성공한다면 금전적인 보상 또한 클 것이었다(추구하는 가치 ○). 물론 실패에 대한 두려움도 있었지만 그것이 성공을 위한 기초가 될 것이라고 생각했다.

위와 같이 진로에 대한 고민을 한 나는 제대 후, 스타트업을 위해 여러 창업 박람회와 교내외 창업캠프 등에 참여하며 정보를 얻었다. 하지만 가장 큰 문제는 아이템이 없다는 것이었다. 창의적인 아이템이 있어야 사업을 시작할 수 있는데 나에게는 그런 아이템도 없었을뿐더러, 사업을 굴릴 실력도 갖추지 못했다. 그러던 중 요리를 하는 '나 자신'을 아이템으로 써야겠다는 생각이 들었다. 12시간 넘게 제대로 쉬지도 못하고 요리를 하기도 했지만, 친구들과 가족들이 내가 만든 요리를 맛있게 먹고 행복해하는 모습을 보며 보람을 느끼던 기억이 떠올랐다. 또한 '서울대 출신 미슐랭 셰프'는 전무하다는 것, 내가 노력하고 일한 만큼 금전적인 보상도 따라올 수 있다는 사실 등을 종합적으로 고려해 봤을 때 프랑스로 요리 유학을 가 실력과 경력을 쌓고 한국에서 레스토랑을 오픈하는 게 가장 좋겠다는 생각이 들었다.

| 꿈을 위한 한국에서의 준비

나는 이를 바로 실행에 옮겼다. 본격적인 프랑스 유학 전, 그곳에서 한번 살아보고자 교환학생 프로그램을 활용했다. 나는 교환학생 시절 단순히 학교 수업에 집중하기보다, 요리 유학 중인 분들을 만나 조언을 듣고 현지에서 프랑스어 실력을 늘리는 데 집중했다. 교환학생을 다녀오고 난 후 프랑스에서의 삶에 대한 확신이 생기자 유학비 마련, 프랑스어 실력 향상, 요리 실력 향상이라는 세 가지 목표를 세우고 유학을 준비했다.

가장 내가 첫째로 해야 했던 것은 유학비 마련이었다. 이를 위해 과외를 시작했다. 학기 중에는 10개, 방학 중에는 20개 이상씩 하며 돈을 모았다. 과목도 유학 생활에 도움이 되기 위해 프랑스어와 영어만 가르쳤다. 가끔은 하루 14~15시간을 수업만 한 적도 있다.

두 번째는 프랑스어 실력 향상이었다. 프랑스어가 되지 않는다면 유학 동안 얻게 될 많은 기회를 놓칠 것이고 또한 원하는 만큼 배울 수 없겠다는 생각이 들었다. 적어도 듣고 말하는 데는 불어 전공자보다 부족하지 않을 정도가 돼야 한다고 생각했기에 불어불문학과에서 개설된 수업을 듣고, 부족한 공부량을 채우기 위해 학교에서 스터디를 따로 모집했다. 덕분에 국내 상위 대학 불어불문학과 졸업 조건인 DELF B2보다 높은 DALF C1을 취득하였고 유학을 가기 전 불어불문학과 학생들을 과외할 정도의 실력을 갖추게 되었다.

마지막으로 해야 하는 것은 요리 실력을 키우는 것이었다. 나는 한식, 양식, 일식조리기능사 자격증을 준비하며 기본기를 다졌다. 문제는 학교도 다니면서 과외도 하고 유학비도 벌어야 했기 때문에 요리학원을 다닐 금전적, 시간적 여력이 되지 않았다. 그래서 나는 유튜브를 보며 100개가 넘는 레시피를 독학했다. 모든 레시피를 직접 요리해 볼 수는 없었기에 어려운 요리들만을 골라 직접 해보고 나머지는 이미지 트레이닝을 하며 준비했다. 준비가 부족했던 탓인지 시험에 3번이나 떨어지기도 했지만 결국 한식, 양식, 일식 조리기능사 자격증을 취득할 수 있었다. 나는 이러한 이력을 가지고 프랑스로 유학 가기 전 서울의 한 미슐랭 레스토랑에서 인턴 기회를 갖게 되었다.

물론 26살의 나는 그곳에서 설거지부터 시작하였다. 나보다 4~5살 어린 친구들이 내 상사였고 하루 14시간 이상 뛰어다니며 일했다. 이렇게 일하며 앉아서 쉴 시간은 식사 시간 30분밖에 없었다. 하지만 내가 꿈꾸던 곳에서 일할 수 있다는 사실만으로 행복했다. 그리고 이 경험 덕분에 파리의 여러 미슐랭 3스타 레스토랑에서 일할 수 있었다.

이러한 과정을 거치며 진로를 결정하는 데 있어 크게 두 가지가 중요하다는 것을 깨달았다. 첫 번째는 '나 자신을 잘 아는 것'이었다. '내가 어떠한 사람인지'를 알아야 나에게 맞는 진로를 고를 수 있다. 나의 부모님에게는 '안전성'과 '편안함'이 가장 중요했다. 수입이 안정적이고 육체가 고되지 않은 직업이 좋은 직업이었다. 하지만 나는 전혀 달랐다. 내게 있어 직업은 '성장'과 '성취감'이 가장 중요한 것이었다. 일을 하면서 무언가를 이뤄내지 못한다면, 내가 계속해서 앞으로 나아갈 수 없다면 아무리 '안정적인 일'이라도 만족할 수 없었다. 이렇듯 자신에 대해서 잘 아는 것이 직업을 고르는 데 크나큰 영향을 미친다.

두 번째는 내가 선택할 수 있는 선택지를 비교 분석해 보는 것이다. 나의 직업에 대한 가치관과 기호를 알게 됐다면 나만의 기준을 세워 어떤 직업이 나에게 맞는지 분석해 보는 것이 좋다. 이 과정을 거친다면 단순히 '돈을 많이 벌 수 있어서', '멋있어 보여서'를 넘어 다양한 각도에서 진로에 대해 생각해 볼 수 있다.

아이들이 쏘아 올린
변호사의 꿈

● 주광호

  나는 어린 시절부터 로스쿨에 재학 중인 지금까지 사회로부터 많은 도움을 받았다. 그렇기에 언제나 받은 것 이상을 사회에 기여하겠다고 다짐해 왔다. 그 과정이 쉽지 않음을 잘 알기에 이 일은 내게 평생의 꿈이다.

  그렇다면 '어떻게 사회에 기여할 것인가?'라는 질문이 남았다. 나는 이 질문에 답을 찾기 위해 꾸준히 진로를 고민해 왔다. 내게 답을 준 것은 다름 아닌 아이들이었다. 그동안 만나온 아이들과 그때의 고민들을 담아보고자 한다.

Ⅰ 지역아동센터에서 만난 아이들을 통해 심리학의 꿈을 품다

 나는 어떻게 사회에 기여할 것인가?

 처음 그 답을 찾은 것은 고등학생 시절 아동센터에서 교육봉사를 하면서다. 그곳에서 만난 것은 천진난만하면서도 가끔은 공부하기 싫어하는, 그저 평범한 아이들이었다. 그러나 아이들과 함께하는 시간이 길어질수록 평범함 속에 담긴 상처들이 하나둘 보이기 시작했다. 누구보다 밝고 건강하다고 생각했던 아이에게 마음속 깊은 상처가 있다는 것을 알게 된 후로는 모든 것이 다르게 보였다.

 아이들에게 작은 도움이라도 주고 싶었지만 나는 고작 고등학생에 불과했다. 대학교를 타지로 진학한다면 아이들을 다시 만나기도 힘들 테니 정을 주는 것도 조심스러웠다. 당시 내가 할 수 있는 것이 없다는 생각에 짙은 무력함을 느꼈다.

 아이들에게 공부를 가르치고 재밌게 놀다가도 집에 돌아오면 깊은 고민에 빠졌다. 내가 무얼 할 수 있을까. 그곳에서 만난 아이 중 유독 마음이 가던 현수(가명). 현수는 마음의 문을 닫은 듯 간단한 질문에도 답하지 않았다. 눈 한 번 마주치는 것도 쉽지 않았다. 굳게 닫힌 마음의 문을 열고자 수없이 말을 걸고 장난도 쳤지만 한 달이 지나도록 현수의 목소리조차 제대로 들을 수 없었다.

그렇게 석 달이 지났을 무렵 가게 된 가을 소풍. 오늘은 반드시 현수와 친해지리라 마음먹은 나는 현수의 손을 잡고 "여기 너무 예쁘지 않니?"라며 말을 걸었다. 그러자 현수는 당황한 듯 꼼지락거리더니 손을 빼냈다. 순간 불안함이 엄습했다. 내가 아이들에게 너무 가볍게 다가간 것은 아닐까. 혹시나 내가 무심코 한 말과 행동이 아이들에게 상처가 된 것은 아니어야 할 텐데. 수많은 생각들이 꼬리에 꼬리를 물자 덜컥 겁이 났다.

적어도 내가 아이들에게 나쁜 영향을 주어서는 안 된다는 불안함에 심리학을 독학하기 시작했다. 상담윤리에서부터 심리학개론, 상담심리학, HTP 그림심리검사까지. 학교 공부보다 더 열심이었다.

나는 그날 이후로 아이들에게 더욱 조심스레 다가갔고 사소한 반응에도 세심히 관심을 기울였다. 현수를 만날 때마다 밝게 웃으며 먼저 인사했고 헤어질 땐 언제나 구체적인 칭찬의 말을 덧붙였다. 그렇게 또 석 달쯤 지나자 현수도 점점 마음의 문을 열어주었다. 어느새 센터에 갈 때면 현수가 먼저 문 앞까지 나와 반겨주기도 했다. 이때의 가슴 벅찬 감정은 지금도 잊을 수 없다. 이 과정에서 심리학이 가진 공감과 치유의 힘에 매력을 느낀 나는 '상담심리'에 대한 꿈을 품고 심리학과에 진학하게 되었다.

심리학에서 로스쿨로

내가 전공한 심리학은 개인과 사회에 이바지하는 훌륭한 학문이었다. 특히 상담은 누군가의 가장 힘든 시기에 삶을 지지해 주는 역할을 했기에 숭고하게까지 느껴졌다. 나 역시도 심리학을 통해 스스로를 바라보며 많이 성장했다. 심리학은 관계에서의 어려움을 해결하고 문제를 바라보는 시각을 다르게 하는 등 큰 도움을 주며 동시에 우리 삶에 반드시 필요한 학문이다.

그러나 나는 다양한 아이들을 만나며 현실의 문제를 직접 해결하고 싶다는 생각이 들었다. 특히나 가정폭력의 피해자인 아이들을 접하며 답답함은 더욱 커져갔다. 아이들을 치유하는 것도 반드시 필요하지만 조금 더 앞서 문제를 예방하고 해결하는 것도 중요하지 않을까? 나는 심리학을 정말 좋아했지만, 진로를 심리학에 한정하지는 않기로 했다.

그러던 중 '현실의 문제를 해결하는 데는 법과 제도가 효율적이겠다'라는 생각이 들었다. 어려운 환경 자체가 개선된다면 아픈 일 자체가 줄어들 테니 말이다. 이는 옳고 그름이 아닌 '역할의 문제'였다. 심리학은 내면의 성장과 치유를, 법학은 현실과 제도적인 문제를 맡는 것이다. 시험 삼아 들어본 법학 수업도 너무나 적성에 맞았다. 나는 조금 더 직접적으로 더 많은 이에게 도움을 주고 싶다는 생각에 대학교 2학년이 끝나갈 즈음 로스쿨 진학을 목표로 했다.

| 아이들이 내게 준 공익변호사의 꿈

나는 아이들을 만나며 아동인권을 대변하는 공익변호사의 꿈을 갖게 되었다. 로스쿨에 입학한 이후 자립준비청년(보육원 출신 청년)을 대상으로 하는 단체의 집행부로 활동하며 전국 21곳의 보육원에서 법률교육을 진행했다. 또한 자립준비청년들의 진학, 장학, 진로 자기소개서를 첨삭해 주는 과정에서 그들의 힘든 순간들을 들여다볼 수밖에 없었다. 이에 더해 가정 밖 청소년들과도 교류하며 거리의 이야기도 들을 수 있었다.

소외된 아이들에게 세상은 너무나 잔혹했다. 실제 그들의 삶은 매체나 소설에서 보던 것을 가뿐하게 뛰어넘었다. 무엇을 상상하든 그 이상이었다. 아이들의 이야기를 들으면 들을수록 내 마음은 '하고 싶은 일'로 가득 차게 되었다.

직접 들은 가정 밖 청소년들의 이야기를 신변 보호를 위해 조금 각색해서 써 내려가 보려 한다.

첫 기억. 다섯 살은 됐었을까. 그때도 아이는 가정폭력의 늪 속에 있었다. 하루는 울었고 한 달은 숨죽였다. 그런 한 달을 모아내 일 년을 버텼고 그토록 많은 날들을 보내고 나서야 아이는 열여섯 살이 되었다. 열여섯 살의 아이에게 16년은 평생이었다. 아이는 평생을 괴롭히던 가정폭력에서 벗어나고자 한겨울 가방 하나를 메고 거리의 삶을 시작했다.

영하의 날씨. 거리에서의 첫날은 인적이 드문 아파트 비상계단에서 보냈다. 비상계단의 센서 등은 조금만 시간이 흘러도 딸깍 소리를 내며 꺼졌다. 불이 꺼지면 두려움이 몰려와 자꾸만 손을 휘저어 불빛을 밝혀야 했다. 아이는 하루 한 끼를 겨우 먹으며 몇 달을 생존했다. 그러던 어느 날 실종신고가 된 탓에 집으로 돌아가야만 했다. 그러나 폭력은 더욱 심해졌다. 술에 취한 아버지가 흉기를 든 날도 있었다.

집으로 돌아간 지 한 달도 지나지 않아 아이는 또다시 거리의 삶을 시작했다. 식당부터 폐지 줍기까지 안 해본 일이 없었다. 어렵게 아르바이트를 구한 것도 잠시, 사장은 가정 밖 청소년임을 이용해 월급을 주지 않았다. 이 때문에 아이는 영양실조로 쓰러지기도 했다. 누군가는 죄를 짓지도 않은 아이에게 소년원에 보내버리겠다며 오랜 기간 협박했다. 부당한 일을 겪어도 다시 집으로 돌아갈까 두려워 정당한 항의조차 해볼 수 없었다. 3년을 훌쩍 넘긴 거리 생활로 건강은 이미 망가졌는데 부모님께 연락이 갈까 병원에 가는 것조차 두려웠다. 말하기 힘든 일도 수차례 있었다. 일상은 불안과 어려움으로 가득했다. 거리의 삶은 이토록 혹독하지만, 아이에겐 이것마저 차악이었다.

또 다른 거리 청소년은 시간이 흘러 대학교에 입학했다. 몇 년간의 떠돌이 생활에서도 검정고시에 합격하고 수능을 잘 봤으니 정말 대단했다. 아르바이트와 함께 첫 학기를 마쳤지만 학업과 일을 병행하는 것은 너무 힘들었다. 기초생활수급을 신청하고자 주민센터를 찾아갔더니 심사 과정에서 부모님에게 연락이 간다는 것이 아닌가. 며칠을 홀로 고민하던 아이는 결국 이번 방학을 공사장에서 보내기로 결심했다.

수십 년 전 과거 이야기가 아니다. 아이들의 삶은 아직도 현재진행형이다. 특히나 거리 청소년들의 이야기를 들으면 나는 '도망자'라는 단어가 자꾸만 떠오른다. 도망자는 법이나 규칙을 어겨 쫓겨 달아나는 사람이라는데, 아이들이 대체 무슨 큰 죄를 지어 이토록 도망치는 삶을 살아야 하는 걸까.

내가 만난 아이들은 저마다의 잔혹함 속에 아파했고 일부는 범죄에 노출되기도 했다. 이들은 범죄에 취약할 수밖에 없었다. 지금의 나조차 열여섯의 나이로 거리의 삶을 시작한다면 막막하기만 할 것 같다.

더욱 안타까운 사실은 위기에 처한 아이들이 생각보다 많다는 점이다. 가정 밖 청소년만 해도 최소 5만 명. 일부 시민단체에서는 50만 명까지 추산하기도 한다. 6개월 이상 장기간 거리를 떠도는 아이들 중 절반은 말 그대로 살아남기 위해 집을 떠난 '생존형'이다. 그럼에도 이들을 바라보는 외부의 시선은 '비행 청소년'에 가깝다. 아이들 역시 어른에 대한 거부감과 불신을 가지고 있는 탓에 문제를 해결하기가 쉽지 않다.

아이들을 보호하고 인식을 개선하여야 할 법과 제도는 그 기능을 충분히 하지 못하고 있는 실정이다. 겨우 2% 남짓한 가정폭력 신고율, 그마저도 현장 종결이 반이다. 첫 단추부터 잘못 끼워진 셈이다. 쉼터는 그 수가 너무나 부족하기에 소수의 아이들만 수용할 수 있을 뿐이다. 미성년자 성매매 문제에 소년법의 위헌성까지. 가정 밖 청소년만 생각해도 해야 할 일이 너무 많다. 이런 이야기들을 직접 접하다 보면 피가 끓는다. 하루빨리 변호사가 되어 문제들을 해결해 나가고 싶다는 동기가 마음속에 가득 찬다.

변호사 시험에 합격한 후에는 더 많은 위기 청소년들을 만나고 싶다. 그들의 법적 문제 해결을 조력하는 것은 물론이고 당사자들과 함께 글을 쓰고 싶다. 비행이 아닌, 아이들이 오랜 기간 도움받지 못한 피해자임을 이야기하며 사람들의 인식을 개선하는 것이 효율적인 문제 해결의 첫걸음이라 생각하기 때문이다.

나는 개인의 한계를 잘 알고 있다. 혼자서 사회를 바꾸는 것은 쉬운 일이 아니기에 뜻이 맞는 동료들을 모으고 있다. 비슷한 일을 해온 활동가부터 로스쿨 동기, 대학교 친구들까지. 식사 자리 등 기회가 있을 때면 아이들이 겪고 있는 어려움을 알리며 관심을 모으고 있다. 이야기를 듣고 탄식한 대학교 후배는 가정 밖 청소년에게 무료로 과외를 해주기도 했다. 앞으로도 많은 사람과 함께 아동인권을 위한 일을 이어가고 싶다. 또 인생의 어떤 시기에는 공익변호사를 전업으로 삼으며 사회에 기여하고 싶다.

자퇴생, 탄자니아에 정비소를 창업하다

● 박덩이

나는 어린 시절 호기심 많은 개구쟁이였다. 우리 집에는 장난감이 별로 없었다. 집 마당에 주차된 농기계가 내 장난감이자 미끄럼틀이었다. 그래서 자연스럽게 농기계에 관심을 두게 되었다. 친구들은 농기계 소리에 경기를 일으켰지만 나는 기계 소리가 좋았다. 한번은 농기계에 손을 다치는 사고가 있었지만 오히려 그 이후로 위험성을 인지했고, 조금 더 기계에 주의를 기울이기 시작했다. 자동차는 농기계보다 훨씬 더 안전하게 보였다. 이게 바로 자동차 정비업과 맺은 인연의 시작이었다.

┃ 대학 시절, 장사부터 시작하다

　대학 입학 후 나는 기숙사 생활을 했다. 기숙사 단체 생활은 고등학교 때부터 했기에 익숙했는데, 아무래도 자유가 있으니 대학생활은 조금 더 상큼했다. 그러나 나는 기숙사에서 나올 것을 다짐하게 된다.

　어느 날 군대를 갓 전역한 형이 우리 방에 들어와 훈계하였다. 그런데 돌아앉아 있었다는 이유로 나의 이름을 부르며 "너 이리 나와!"라며 욕설을 했다. 동시에 뺨을 때렸고, 발길질로 복부를 강타했다. 아프지는 않았다. 그냥 분했다. 대학까지 와서 어느 촌 동네 몇 살 많은 형한테 얻어터졌다는 사실이 분하고 억울했다. 나는 그 길로 기숙사를 뛰쳐나왔다.

　기숙사를 나온 나는 결국 자취를 해야 했고 그러기 위해서는 돈이 필요했다. 고등학교 때부터 여러 아르바이트를 했지만, 고수익 아르바이트는 능력 있고 똑똑해야 할 수 있다는 생각이 들었다. 시간 약속도 잘 지켜야 하는 것은 물론인데 나는 그냥 얽매이는 것이 싫었다. 그래서 노점상 일을 구상하게 되었다. 이전부터 막연하게 '언젠가 노점상을 해야지'라는 생각을 했었는데 이를 실천해 볼 기회였다.

경북 안동 시내 시장 골목에는 저녁 시간 약 천 명 이상의 유동인구가 있었다. 그중 여고생들이 꽃집, 양말, 계란빵, 꼬치구이 등의 노점에서 현금을 쓰는 모습을 보았다. 그런데 여고생들이 가장 좋아하는 액세서리 노점상이 없었다. 나는 '이거다!' 싶어 인기 있는 액세서리를 구하기 위해 무작정 서울의 남대문 시장으로 갔다. 초기 자금은 고작 30만 원이었다. 크고 넓은 가방과 접이식 스탠드에 머리핀, 목걸이를 올려두니 여고생들이 몰려들기 시작했다. 다른 노점상에 비해 부피가 작고 가벼운 물건을 파니 영업이익도 높았다.

자유롭게 수강 신청을 할 수 있는 대학교 시스템은 노점상을 운영하는 데 있어 정말 최고였다. 나는 수업을 주로 아침 시간에 배정했다. 평일 수업이 끝나면 노점 가방을 메고 시장에 나갔는데, 여고생들이 몰려 있는 시간대였다. 2시간 동안 판매하면 평균 3만 원의 매출을 얻었다. 주말에는 10만 원, 최고 매출은 20만 원을 기록한 적도 있다. 머리핀을 사려고 구경하는 사람들에게 실 고무줄을 두세 개씩 주며 호객행위를 했다. 실 고무줄을 받아 간 손님들은 꼭 다시 와서 머리핀을 사 갔다. 신기했다. 마음을 비우고 실행한 작은 서비스에 손님들이 좋아하는 모습을 보는 게 즐거웠다. 이때부터 나는 모든 손님에게 최대한 진심을 담아 장사를 했던 것 같다. 안 팔리는 물건들은 다시 모아 남대문 시장에 가서 잘 팔리는 물건으로 바꾸어 다시 내려왔다.

원래는 바꿔주지 않지만, 항상 예의를 갖추고 인사도 잘하고 애교를 떨며 싹싹하게 행동하는 내게 남대문 시장 사장님들은 "멀리서 온 젊은 녀석이 예의가 있다"라며 밥도 사주시고 재고품도 잘 팔리는 신제품으로 바꿔주셨던 기억이 난다. 이때 나는 '진심으로 일하면 안 될 것도 된다'라는 것을 깨달았다. 그렇게 매주 물건을 사러 서울에 올라오게 되었다. 점점 대학생활과는 멀어졌고, 싫증이 났다. 더는 대학에서 무언가를 배워야 할 필요를 느끼지 못했다. 시골 풍경은 더 싫었다. 결국, 1학년 2학기 중간고사 기간쯤 대학을 박차고 나와 서울로 상경해 버렸다.

| 탄자니아와의 첫 만남, 코이카 봉사단

대학을 자퇴해도 군대는 가야 했다. 대학은 포기했지만 자동차가 싫은 것은 아니었다. 그래서 자동차 수리병으로 지원하였다. 복무 기간 동안 틈틈이 정비를 공부하여 실력을 갈고닦았고, 그 결과 복무 중 자동차정비산업기사 자격증을 취득했다. 그러던 중 우연히 국방일보에 나와 있는 코이카 해외 봉사 단원 모집 요강을 보고 자동차 정비 분야로 해외 봉사단에 지원했다. 전역 후 4개월 뒤 나는 아프리카 탄자니아 국립교통대학교에 자동차 정비 실기 강사로 파견되었다.

탄자니아에서는 3년 동안 자동차 정비 실기 강의를 했다. 그러나 당시 정비 수업을 가르쳐야 함에도 대학교에 마땅한 실습용 차량이 없어 수업이 원활하지 않았다. 1980년대 카뷰레터 시스템이 적용된 아주 옛날 차들, 그리고 엔진 몇 대가 전부였다. 코이카의 현장지원 사업을 통해 실습 도구나 장비를 받으려고 노력하였지만 그조차 쉽지 않았다. 그러던 중 고장 난 재외 동포 한인들의 차를 수리해 주면서 이를 실습에 활용해 보았다. 이를 실습에 활용해 보았다. 이 아이디어는 적중했다. 재외 동포들이 좋아하였고 학생들의 실습도 원활해졌다.

탄자니아는 대부분 거친 비포장도로로 이루어져 있어 다른 곳보다 자동차 관리와 수리가 더 자주 필요했다. 이 부분에서 아이디어를 얻은 나는 탄자니아에서 자동차 정비 사업을 준비했다. 다시 한국으로 돌아가면 이런 기회를 다시 얻지 못할 것 같았기에 더욱 열을 올려 준비하였다.

3년간 탄자니아에서 자동차 정비 실기 강사로 봉사했지만 나는 여전히 이방인이었다. 조금 더 원활하게 차량 정비소를 개설하기 위해 대학교 내 정비 사업소 개설까지도 제안했다. 학과장 및 관계자분들과의 여러 번 미팅을 통해 긍정적인 답변을 받았다. 하지만 학교 측에서는 갑자기 학교 소속의 직원으로 활동해야 한다는 단서 조항을 요구하였으며, 내가 투자한 장비나 설비는 돌려주지 않겠다는 특약을 요구했다. 내 노력과 투자에 비해 이러한 요구가 지나치다고 생각했지만 타협의 여지가 없었다. 그렇게 나는 3년간 봉사했던 탄자니아 국립교통대학교를 떠나게 되었다.

| 꿈은 계속된다

탄자니아 국립교통대학교를 떠난 후에도 나는 여전히 탄자니아에 정비소를 열겠다는 꿈을 포기하지 않았다. 하지만 금전적인 문제를 해결하는 것이 급선무였다. 그러던 중 한국수출입은행에서 탄자니아와 국경을 맞대고 있는 모잠비크라는 나라에 태양광 발전소를 건설한다는 소식을 들었다. 주관사 효성의 협력업체에서 현지에서 근무할 수 있는 한국인을 채용한다는 소식을 듣고 바로 모잠비크로 향했다.

나는 탄자니아보다 더 열악한 모잠비크에서 트럭 운전, 자재 수급, 현지 인력 관리, 굴착기 운전, 차량 정비, 취사 등의 여러 업무를 수행하며 탄자니아에 정비소를 열 자금을 확보하였다. 탄자니아로 돌아와 정비소에 필요한 장비를 구하기 시작했지만, 아프리카 현지에서 이를 구하기는 쉽지 않았다. 그러다 인접 국가인 케냐에 한국인이 운영하는 정비소가 있다고 하여 무작정 찾아갔고, 그곳에서 직접 차량 정비를 하시는 강 사장님을 뵙게 되었다. 그분의 도움으로 폐업 예정인 한국의 정비소를 소개받아 필요했던 장비를 구매할 수 있었다. 장비를 가득 실은 컨테이너는 50일이 걸려 탄자니아로 도착하였고 우여곡절 끝에 자동차 정비소를 개업하게 되었다.

어떤 사람은 "덩이 씨는 회사 생활을 안 해봐서 사회생활을 모른다"라며 더 많이 배우라고 이야기했다. 그러나 나는 그런 조직 생활이 싫어서 개인 사업자가 되었다. 공업 고등학교 실습으로 들어간 농기계 대리점은 농번기라며 새벽 1~2시까지 철야 작업을 시키면서도 실습생이라는 이유로 쥐꼬리만 한 월급을 주며 착취했다. 잠시 다녔던 회사는 주말 없이 한 달에 주 2회만 쉬었다. 그때 이미 나는 질렸다. 어린 마음에 아프고 너무나 힘들었기에 나는 다짐했다.

'내가 하고 싶은 일을 하고 마음먹은 대로 살겠다'

그래서 나는 내 회사를 차리고 사업을 시작했다.

| 탄자니아에서 사업을 하다

모잠비크 프로젝트 종료와 함께 나는 탄자니아에서 정비소 사업을 시작하며 야생에 던져지게 되었다. 그래서 무슨 일이든 닥치는 대로 열심히 했고, 그렇게 10년이 지났다. 그 결과 지금은 비교적

여러 사업을 운영하는 대표가 되었다.

자동차 정비소로 시작했던 사업은 차량 렌트, 스와힐리어 통역, 관광 가이드, 현지 촬영 코디네이터, 게스트하우스 운영 등으로 이어졌다. 자동차를 정비하다 보니 자동차를 빌려달라는 손님이 생겨 렌트업을 시작했고, 손님이 통역을 요청해 통역 가이드가 되었다. 방송국에서 "촬영이 있는데 같이 갑시다"라고 할 때 마다하지 않았던 것이 계기가 되어 촬영 코디네이터가 되었다. 우리 회사 차를 렌트해 주었으니 문제가 생기면 우리 정비소에서 수리했고, 무엇이든 해결해 드리는 원스톱 서비스를 제공하며 탄자니아의 '박반장'이 되었다.

오랜 기간 사업을 했음에도 많은 어려움이 있었다. 현지인 지분 의무 조항부터 이방인이라는 이유에서 오는 차별까지. 그런데도 지금까지 탄자니아에서 사업을 유지하고 있다. 이 나라에 적응하기 위해 내가 15년간 몸소 느낀 방법들을 공유하고자 한다. 해외 사업에 도전하신다면 다음의 깨달음을 기억하면 좋을 것 같다.

첫째, 현지 언어(특히 사투리)를 배우는 것은 적응을 위한 최고의 방법이다. 탄자니아에서 영원한 이방인일 수밖에 없는 나는 그들의 마음을 얻고 현지 문화를 충분히 이해하기 위해 스와힐리어를 배웠다. '그들의 언어를 배워 사투리로 인사를 건넨다면 어떨까?'라는 생각은 적중했고 그들과 더욱 동화될 수 있었다.

탄자니아는 여러 부족이 살고 있다. 한국에 팔도 사투리가 있는 것처럼 여기도 부족마다 사용하는 부족어(부족어를 한국의 사투리라 생각하면)가 있다. 예를 들어 "하바리(Habari)"는 표준어 인사말로 "안녕하세요"인데 탄자니아에서 가장 부유한 '차가' 부족은 "심보니(Simboni, 안녕하셔유?)"라고 인사한다.

그래서 나는 주요 부족의 사투리 인사말을 늘 휴대폰에 적어두고 외웠다. 새로운 현지 분들을 만날 때 항상 어느 부족인지 물어보고 그 부족의 언어로 인사하면 대부분 아주 반갑게 환영해 주었다. 자신들을 존중해 준다고 생각하시는 듯했다. 단순한 인사이지만 관계 맺기는 물론 사업 성과로 이어진 적도 있다.

둘째, 굳이 현지식을 먹으려고 노력하지 않아도 된다. 나는 현지식만 잘 먹으면 현지인이 되는 줄 알았는데 언젠가 한번 현지 음식을 먹고 크게 배탈이 난 적이 있다.

탄자니아에는 '우갈리'라는 우리의 쌀밥 같은 주식이 있다. 옥수숫가루로 만든 백설기와 비슷한데, 정말 맛이 없었지만 나는 매일 꾹 참고 우갈리를 먹었다. 그러다 하루는 배가 너무 아파 병원을 찾아갔다. 내 말을 들은 의사 선생님은 쌀밥을 먹으라는 강력한

처방을 했다. 이를 통해 현지식만 잘 먹는다고 현지인이 되는 것은 아니라는 사실을 깨달았다.

오히려 해외에서 나에게 맞는 재료를 찾아 요리해 먹는 것이 가장 제대로 현지화하는 방법이다. 해외 생활을 하려면 몸과 마음이 건강해야 한다. 심신이 힘들 때는 한국에 가고 싶어진다. 맞지도 않는 현지식을 먹어가며 고생하는 것보다 내가 좋아하는 맛있는 음식을 먹으며 좋은 컨디션을 유지하는 것이 좋다.

셋째, 해외에서 사업을 하려면 약속은 반드시 지켜야 한다. 그렇게 해야만 어느 나라, 어느 환경에서도 살아남을 수 있다. 특히, "Hakuna matata(문제없어요)"를 외치며 시간에 대한 신뢰가 다소 부족했던 탄자니아에서 약속을 잘 지켰던 것이 오히려 차별점이 되었다. 차량 렌트, 게스트하우스 운영 그리고 통역 서비스를 제공하면서 나는 사업을 시작하고 시간 약속, 특히 대금 지급 기한을 최대한 지키려 노력했다. 그러자 "토니 팍은 달라. 약속을 잘 지키네!"라는 평을 얻었고 그 덕에 더 많은 사업 기회를 얻을 수 있었다.

킬리만자로산을 오를 때 스와힐리어로 "Pole Pole(천천히 천천히)"를 말한다. 천천히 한 발씩 걷기 시작하면 힘들더라도 어느 순간에는 정상에 도착한다. 자신만의 삶을 살아가기 위해 Pole Pole 한 발 떼어보자. Jaribu(노력해요)!

2

대학생활 사용설명서 (기본 편)

학점 관리: 대학생활 필수과제

● 김민수

　학점은 대학생활의 성실도를 나타내는 지표 중 하나이다. 취업 시장에서뿐만 아니라 편입이나 장학금, 대학원 진학 시에도 학점은 중요한 평가 요소이다. 나는 1점대의 학점에서부터 세 학기 연속 4.5점 만점을 받으며 전체 학기 평균 4.3점으로 성적을 수직 상승시킨 경험이 있다. 이를 토대로 단순히 '공부 열심히 해라'라는 내용이 아닌, 좋은 학점을 얻기 위한 방법들을 공유할 것이다. 이는 앞서 말했듯 서울 소재 상위 대학 후임에게 배운 팁과 내가 직접 경험한 것들을 더한 내용이다.

수강 신청

　수강 신청은 학점 관리의 첫걸음이다. 졸업을 위해 꼭 수강해야 하는 필수 과목은 어쩔 수 없지만, 선택 과목을 결정하는 것은 나의 한 학기 공부량에 큰 영향을 미친다. 대학마다 소위 '꿀강의'로 불리는 강의들이 있다. 선배들과 학내 커뮤니티 등을 통해 그런 강의들을 알게 되면 빛과 같은 속도로 선점해야 한다. 이런 강의를 신청한다면 손쉽게 해당 과목에서 좋은 성적을 받을 수 있을 뿐만 아니라, 다른 과목들을 위한 공부 시간도 확보할 수 있다. 자유롭게 학문을 배운다는 대학교의 장점과는 다소 거리가 있는 이야기지만, 반드시 좋은 학점을 받아야 하는 학생들에게 적극 추천하는 방법이다.

　또, 전공 선택 과목에서는 학점 관리를 열심히 하는 학생들이 많이 신청하는 과목을 피하는 것이 서로에게 이득이다. 월드컵 조별 예선 때도 강팀을 만나면 예선 진출 확률이 떨어지지 않는가. 이와 같은 이치이다. 그렇다고 해서 가깝지 않은 사이에 이곳저곳 무슨 과목 수강할 거냐고 너무 물어보진 않길 바란다. 높은 학점은 얻을 수 있을지 몰라도 평판은 잃게 되니 말이다.

| 언제나 예의 바른 학생이 되어라!

　대학교 성적평가는 일반적으로 출석, 과제, 중간고사, 기말고사로 이루어진다. 출석, 중간고사, 기말고사의 경우 절대적인 기준에 맞추어 채점이 진행되지만, 과제는 그렇지 않다. 교수님들도 사람인지라 성실하고 강의에 적극적으로 참여하는 학생에게 마음이 갈 수밖에 없다. 조금은 속물 같기도 하지만 엄연한 현실이다.

　그렇다면 어떻게 해야 교수님에게 좋은 인상을 남길 수 있을까? 가장 쉬운 것은 인사이다. 인사는 인간관계에서 유대감을 형성하는 중요한 수단이다. 상대방의 안녕을 묻고 간단한 대화까지 덧붙인다면 서로를 가깝게 만들어 줄 수 있는 좋은 방법이 된다. 가끔 친한 사이에서만 인사하는 친구들을 보는데, 교수님과의 관계에서는 절대 그래선 안 된다. 어른을 보면 먼저 인사를 하는 것은 당연한 예의이다. 그러나 대부분 학생들은 교수님을 만나면 고개를 숙이거나 피하기 바쁘다. 그러니 여러분이 먼저 웃으며 교수님께 인사를 건넨다면 그 찰나의 행동으로 좋은 인상을 남길 수 있다.

　두 번째는 리액션이다. 말을 하는 사람에게 집중하는 것은 기본 예의이자 존중이다. 누군가에게 지식을 알려줄 때 듣는 사람이 배우고자 하는 의지가 강하다면 열과 성을 다해 가르쳐 주고 싶은 게 사람 마음이다. 삭막한 강의실의 앞자리에 앉아 집중력을 잃지 않은 채 똘망똘망한 눈망울로 교수님을 응시하고 질문에 적극적으로 대답하자. 모든 교수님께 예쁨을 받을 것이다. 어쩌면 1:1 과외를 하는 듯한 수업이 이루어질 수도 있다.

언제나 예의 바른 학생이 된다면 교수님과 좋은 관계 맺게 되는 것은 당연한 결과이다. 이를 좋은 학점을 받는 방법으로 이야기했지만 사실 장점은 그뿐만이 아니다. 대학교수는 그 분야의 전문가이기에 인맥도 넓고 관련 기업과도 잘 알고 있는 경우가 많다. 좋은 기회가 있을 때 분명 애제자에게 먼저 소개해 줄 것이고, 전공을 살리고자 하는 학생들에게는 구체적이고 가능성 있는 길을 알려 주실 것이다. 어른이라고 불편해하지 말고 먼저 다가간다면 좋은 학점뿐 아니라 인생 전반에서의 좋은 멘토를 얻게 될 것이다.

| 학과 생활도 열심히!

교수님 입장에서는 한정된 강의 내용과 학문에서의 중요도 때문에 매번 시험문제를 바꾸기는 어려울 것이다. 이는 중복되는 문제가 다시 출제될 가능성이 높다는 말이다. 나보다 먼저 강의를 수강한 선배들은 무엇이 중요한지 잘 알고 있을 것이다.

교우 관계가 원만하다면 선배들에게 자료나 출제 경향을 쉽게 요청할 수 있다. 속 보이게 시험 기간에만 연락해 물어보지 말고 평소 친하게 지내는 선배들을 적극 이용하자. 나는 특정 과목을 수강하기 1년 전, 시험 기간이 끝난 시기를 추천한다. 시험이 끝난 지 얼마 되지 않아 선배들의 기억이 생생할 것이고 자료도 잘 보존되어 있을 것이다. 또, 시험 기간에만 연락해 자료들을 받아 간다는 아쉬운 소리를 듣지 않을 수 있다. 선배들에게 여러 자료를 받아서 정리해 놓으면 다음 연도 강의를 들을 때 큰 도움이 될 것이다.

선배들과의 관계도 중요하지만, 동기들과도 좋은 관계를 유지해야 한다. 동기 중 마음이 맞는 친구가 있다면 혹여나 수업 시간에 놓쳤던 부분을 보충하고 서로 자료를 공유하며 함께 정리본을 작성할 수도 있다. 이렇게 되면 전체 공부량이 줄어들어 더욱 효율적으로 시간을 활용할 수 있다. 단, 여기서 잊지 말아야 할 것은 절대 목적 있는 관계를 만들어선 안 된다는 점이다. 티를 안 내려고 해도 상대방은 은연중에 알게 되어 있으니 진심을 통한 교우 관계를 형성하자.

그러나 위 세 가지 방법만 잘 지킨다고 해서 좋은 학점을 받을 순 없다. 기본적인 출석은 물론, 시험 기간이 되기 전 미리 요점을 정리해 놓는 습관을 들여야 한다. 또한 상대적으로 성적을 받기 쉬운 저학년에 좋은 학점을 받아놓기, 과목별 공부 비중을 차등화하여 중요도에 맞게 공부하기 등의 노력은 필수다. 이러한 요소들과 위 방법들을 곁들인다면 당신이 원하는 학점 그 이상을 받게 될 것이라 자신한다.

동아리:
대학생활의 낭만

● 주광호

  어떻게 해야 대학생활을 잘했다 할 수 있을까? 높은 학점과 인턴 경험 등 스펙이 있어야 할까? 물론 이것도 좋다. 과거에 비해 취업과 진로로 삭막해진 대학생활이지만, 그럼에도 대학에서 낭만을 찾지 못했다면 조금은 아쉽지 않을까. 내게 있어 대학의 낭만은 동아리였다. 동아리에서 평생의 친구들을 만나 함께 일했고 가끔은 바보 같은 추억을 쌓기도 했다. 지금부터는 이러한 '낭만'의 소중함에 대해 말하고자 한다.

  대학교에는 정말 다양한 동아리들이 있다. 축구, 농구, 밴드부터 펜싱, 조정, 다도, 심지어 떡볶이 탐방까지 그 범위는 끝이 없다. 나는 중학생 때부터 취미로 격투기를 해왔다. 당시 격투기 선수로 활동하던 친구 덕분에 어깨너머로 기본기를 배웠고 시간이 날 때면 어디서든 운동을 하고는 했다. 고등학교에 진학하며 격투기를 쉴 수밖에 없었지만 마음속 깊은 곳의 갈증은 더욱 커져만 갔다. 나는 대학교에 진학하자마자 '싸울아비'라는 격투기 동아리에 들어갔다.

| 훈련부장, 부회장을 맡다

싸울아비는 매년 100명이 넘는 학우들이 오가는 큰 동아리였다. 나는 1학년 때에는 정말 운동만을 위해 동아리를 찾았다. 동아리 운영에는 전혀 관심이 없었기에 운동이 끝나면 기숙사로 돌아오기 바빴다. 1년이 끝나도록 동아리방의 위치조차 알지 못했으니 말이다.

그러다 2학년이 되자 친구를 따라 동아리 운영에 참여하게 되었고 훈련부장과 부회장을 연달아 맡게 되었다. 임원진이 되자 운동만 하던 때와는 전혀 달랐다. 당장 동아리 박람회부터 회칙 개정, 신입생 선발, 회비, 각종 서류에 대학교를 대표하는 중앙동아리로의 승급 문제까지 신경 쓸 것이 너무나 많았다.

임원진들과 처음 한 일은 1년 동안 해야 하는 일에 대한 정리였다. 당장 해야 하는 급한 일부터 올해를 성공적으로 마무리하기 위해 반드시 해야 하는 것들까지. 당장 급한 일은 매주 있는 훈련을 체계적으로 운영하는 것이었고 가장 중요한 일은 중앙동아리로의 승급이었다.

동아리 운영을 위해서는 시기마다 해야만 하는 일들이 명확했고 이를 잘 해내기 위해선 오랜 기간 친구들과 함께 고민하고 준비해야 했다. 당시에는 단순히 격투기 유경험자들이 알아서 운동을 가르쳐 주는 형식이었기에 그들에게 의존하는 문제가 있었다. 이를 해결하기 위해 훈련 매뉴얼을 만들었고 각종 무술 사범님들을 초청해 세미나도 준비했다.

이 과정에서 가장 힘들었던 것, 힘이 되었던 것은 모두 '사람'이었다. 1년에 100명이 넘는 동아리원들이 새로 들어왔기에 크고 작은 문제들이 생겨났다. 특히나 신입 부원들의 30%가량이 외국인이었기에 문화 차이로 인한 어려움을 겪기도 했다. 동아리 내 이성 문제가 반복되자 농담처럼 동아리 내 연애 금지령이 내려지기도 했다.

그러나 함께 일한 임원진들과는 정말 마음이 잘 맞았다. 10명이 넘는 임원진들이 1년 동안 함께 일했는데 그 흔한 말다툼 한 번 없었으니 무슨 말이 더 필요할까. 누가 사업하면 우리 다 같이 일해도 좋겠다고 할 정도였다. 밤늦게까지 회의가 계속되는 날에는 치킨과 맥주가 함께였고 흥이 오르면 글러브를 주섬거리다 꼭두새벽에 스파링하기도 했다. 학교 축제에서는 인간 샌드백을 하다 너무 맞았는지 머리가 울려 이마를 붙잡고 치킨 파티를 벌였던 바보 같은 추억도 있다. 언제나 함께 땀 흘리며 운동했고 어려운 일이 있을 때면 먼저 서로를 도왔다. 꽤 많은 시간이 흘렀음에도 분기별로 모여 그동안의 일을 축하하는 소중한 관계가 지금까지도 이어지고 있다.

이렇듯 동아리 운영을 통해 많은 경험을 할 수 있었다. 친구들과 어려움을 해결해 나가며 배운 점도 많다. 그러나 내게는 친구들과 밤새 고민하고 웃고 떠든 그 순간들이 너무나 즐거워 그 자체만으로 너무나 소중하다.

| 한계를 견디는 경험, 격투기 시합 출전

내 오래된 버킷리스트는 링에 올라 격투기 시합을 하는 것이었다. 2학년이 되던 해 여름. 4명의 임원진이 의기투합해 대회에 출전하기로 했다. 그렇게 우리는 매일 아침 3시간씩 말 그대로 피와 땀을 흘리며 시합을 준비했다.

훈련은 생각보다 훨씬 더 힘들었다. 체력 훈련만 1시간이 넘었고 그 뒤로는 20라운드가 넘는 스파링이 기다렸다. 점점 높아져 가는 운동 강도에 어느 날 놀러 온 친구는 30분 만에 화장실로 달려가 구토할 정도였다. 오전 9시에 시작해 오후 1시쯤 끝나는 운동. 함께 밥을 먹고 기숙사에 도착하면 2시 반. 몰려오는 잠을 이기지 못해 눈을 감았다 뜨면 벌써 저녁 시간이었다. 당시에 나는 해가 지는 것이 너무 두려웠다. 이렇게 침대에 누우면 내일 아침 또 운동해야 하니 말이다. 새벽에도 몇 번이나 깨 남은 시간을 계산하곤 했다. 온몸은 멍투성이였고 대회 일주일 전에는 급기야 새끼발가락이 부러지기도 했다. 시합이 다가오자 나는 일주일 만에 4kg을 감량해야 했다. 하루 한 끼를 먹으며 독하게 운동했고 마지막 날엔 물조차 마실 수 없었다. 시합장으로 가는 길, 마트에 진열된 과일을 보자 달려가고 싶을 정도로 갈증을 참기 힘들었다.

시간은 흘러 결전의 날이 찾아왔다. 훈련 과정에서 한계를 충분히 맛봤다고 생각했기에 나름 자신만만했던 것 같다. 그러나 시합은 완전히 달랐다. 몸을 풀고 글러브를 착용하자 나는 어느새 링 위에 서 있었다. 그렇게나 체력 훈련을 했음에도 고작 한 라운드 만에 숨이 턱 끝까지 차올랐다. 턱 끈이 풀렸는지 헤드기어는 자꾸만 눈을 덮었고 거친 숨에 피 맛이 가득했다. 팔다리는 물속에 있는 것처럼 허우적거렸다. 친구들은 각자 전략을 소리쳤고 나는 정신을 붙잡고 한 번이라도 더 주먹을 내지르려 애썼다. 나에게는 아쉬움이 가득한 시합이지만 열심히 준비한 덕분인지 나를 포함한 4명 모두 금메달을 따낼 수 있었다.

내겐 시합을 준비하던 그때가 대학 시절 가장 즐거웠던 기억으로 남아 있다. 매일 아침 농담과 함께 스트레칭을 하고 헐떡이는 숨을 견디며 운동을 마칠 때 느끼는 쾌감은 잊기 힘들다. 씻고 나와 먹던 제육덮밥은 왜 그렇게 맛있던지. 다들 세상에서 제일 맛있는 제육이라며 두 달간 지겹도록 찾았다. 지금도 그때 딴 금메달은 책상 한편을 지키고 있다.

| 동아리 활동이 로스쿨 합격과 생활에 도움을 주다

 당시에는 그저 즐거워서 했던 동아리 활동일 뿐이었지만 로스쿨 입시에서도 큰 도움이 됐다. 로스쿨 생활은 3년간 엄청난 경쟁 속에서 한 과목당 수천 페이지나 되는 방대한 분량을 공부해야 하기에 꽤나 극한 환경이다. 그렇기에 3년을 버틸 수 있는 체력과 끈기가 무엇보다 중요하다. 물론 이는 로스쿨 입시에서도 필요로 하는 덕목이다.

 구체적인 사례가 없다면 체력과 끈기는 증명하기 어렵다. 그러나 나는 '새끼발가락이 부러졌음에도 격투기 시합에 출전해 승리했다'라는 에피소드로 체력과 독기를 손쉽게 증명할 수 있었다. 물론 동아리 활동은 하나의 평가 항목에 불과했겠지만, 실제 입시에서도 많은 성적을 뒤집으며 로스쿨에 합격하였다.

또한 시합을 준비하며 매일 한계를 겪고 버틴 경험 덕분에 힘듦의 역치 자체가 올라가 버렸다. 이제 웬만한 일은 딱히 힘들지 않다. 동아리 활동을 통해 만든 운동하는 습관은 로스쿨 생활에서도 큰 자원이 되었다. 누군가에게 운동은 건강을 위해 억지로 하는 일이었지만 내겐 무엇보다 행복한 일이다.

꿈을 위해 대학생활을 온갖 노력으로 가득 채우는 것도 물론 훌륭한 일이다. 그러나 이를 위해 캠퍼스의 낭만과 추억을 포기한다면 후회가 남지 않을까. 적어도 내겐 동아리에서의 날들이 대학생활 중 가장 소중한 기억으로 남아 있다. 나는 동아리를 통해 평생의 친구들을 만났고 이는 진로와 로스쿨 생활에서도 큰 힘이 되어주었다.

장학금: 대학생활을 더 풍부하게, 더 풍족하게

● 주광호, 이성환

주광호 저자가 들려주는 장학금에 관한 10가지 조언

♦♦♦

나는 20살부터 과외, 아르바이트, 장학금 등을 통해 학비 대부분을 스스로 충당해 왔다. 로스쿨 졸업을 앞둔 지금이야 마음이 편하지만 맨몸으로 상경했던 20살의 눈앞은 깜깜하기만 했다. 생활비가 얼마나 필요한지, 일주일에 몇 시간이나 일해야 할지 계산하니 대학생활의 로망은 어느새 사라져 있었다.

그랬던 내가 대학생활을 무사히 마치고 로스쿨에까지 올 수 있었던 것은 장학금 덕분이었다. 장학금은 등록금과 생활비뿐만 아니라 주거 지원, 심지어 대내·외 활동에까지 큰 도움을 줬다. 다양한 장학금 종류부터 장학금을 '받는 사람'이 되는 법까지 장학금에 대한 팁을 공유한다.

| 장학금을 준비하는 자여,
　꺾이지 않는 마음을 가져라!

　장학금을 못 받은 사람은 많지만 한 번만 받은 사람은 드물다. 그만큼 장학금은 받는 사람만 받는다. 그렇다면 도대체 그들에게는 어떤 특별한 점이 있길래 그렇게나 많은 장학금을 받는 것일까? 살아온 환경이나 능력, 학점, 경험이 특별한 것일까? 어쩌면 모두 맞는 말이지만 나는 꺾이지 않는 마음을 가장 먼저 꼽고 싶다.

　과거 한창 지인들에게 장학금을 추천하던 시기가 있었다. 매일 과외와 아르바이트에 치이던 친구들에게 수많은 장학금을 추천했다. 그들의 능력도 인성도 장학금을 받기에 충분함을 잘 알았기 때문이다. 그런데 시간이 지날수록 하나둘 불편해하더니 나중에는 이제 장학금을 그만 신청하고 싶다고 말했다.

　그 이유는 '떨어지는 경험'이 너무나 괴로웠기 때문이었다.

장학금은 경쟁률이 매우 높다. 10:1 정도는 기본. 조금만 경쟁률이 높다 싶으면 100:1까지도 우습게 올라간다. 심지어 자기소개서나 면접 등이 제대로 준비되지 않은 초기에는 합격률이 더욱 낮다. 그러니 떨어지는 것을 지나치게 힘들어한다면 장학금을 받을 수 없다.

처음에는 떨어지는 것이 당연하다. 게다가 떨어지면 뭐 어떤가. 아무 일도 일어나지 않는다. 그런데 한 번 장학금을 받게 되면 두 번째부턴 확률이 크게 오른다. 자기소개서와 스펙, 학점 등이 일정 궤도에 오르기 때문이다. 그때부턴 들이는 시간도, 심력도 확연히 줄어든다.

나는 매주 장학금을 모아놓은 사이트와 교내 장학금 공고를 확인한 후 신청할 수 있는 것은 모두 신청했다. 심지어 일주일에 장학금 신청서를 세 개나 제출한 적도 있다. 그럼에도 나 역시 떨어진 장학금이 합격한 것보다 많다. 일주일 내내 모니터 앞에서 씨름했던 시간이 무의미하게 느껴질 때도 있었다. 그래도 훌훌 털어버리고 다시 도전했던 날들 덕분에 등록금 전액과 생활비 일부를 장학금으로 충당할 수 있었다. 그러니 당장 불합격하는 것을 두려워하지 말았으면 한다.

| 국가장학금, 반드시 신청하자

소득에 따라 누구나 받을 수 있는 장학금이 있다. 바로 국가장학금이다. 국가장학금은 최소 성적 기준만 맞추면 누구든 받을 수 있다. 특히 낮은 소득 분위의 경우 국가장학금만으로 등록금이 상당 부분 해결되는 경우도 많다. 그러니 대학생이라면 빠짐없이 신청하자.

간혹 '나는 어차피 10분위인걸?'이라며 국가장학금을 신청하지 않는 친구들도 있다. 그러나 국가장학금 신청 과정에서 나오는 소득 분위를 외부 장학금 등 다양한 곳에서 요구하는 경우가 많다. 그러니 반드시 국가장학금을 신청하자. 혹시나 신청기한을 놓친 경우 한국장학재단에 연락하면 상황에 따라 구제해 주기도 하니 꼭 연락해 보길 바란다.

| 내가 지원할 수 있는
장학금을 주기적으로 찾자

장학금을 알아보기 좋은 사이트로는 연세대학교 학사지원 탭의 장학금 안내 사이트가 있다(https://www.yonsei.ac.kr/sc/support/scholarship.jsp). 타 대학과 달리 재학 여부에 따른 제한이 없으며 이미 마감된 장학금 정보도 시간 순서에 따라 볼 수 있기에 어느 시기에 어떤 장학금을 신청할 수 있는지 확인하기 좋다. 많은 재단에서 상당한 분량의 자기소개서나 서류들을 요구하기 때문에 이를 미리 확인하는 것은 큰 도움이 된다. 이미 해당 장학금을 받은 선배에게 인재상 등의 정보를 물어볼 수도 있다.

외부 사이트로는 드림스폰(https://www.dreamspon.com/)이 있다. 해당 사이트는 대학교로 공문을 보내어 공지되는 장학금 이외에 독특한 장학금들도 다수 존재한다. 또한 신규 장학금 등 질 좋은 정보를 학교 게시판보다 빠르게, 심지어 간혹 독점적으로 알 수 있다. 해당 두 개의 사이트에서 장학금을 확인하는 것이 장학금 신청의 첫걸음이다.

| 추천서부터 겁먹지 말자

장학금을 준비하다 보면 흔히 마주하는 난관이 있다. 바로 추천서이다. 세상에. 담임선생님도 없는 대학교에서 도대체 누구에게 추천서를 받으란 말인가? 특히나 교수님이 낯설기만 한 신입생들은 좌절하기 쉽다.

결론부터 말하자면 '나와 관련 있는 어떤 교수님이든' 공손히 부탁드리면 된다. 지도 교수님도, 전공 수업의 교수님도, 심지어 과거 학점이 잘 나왔던 수업의 교수님도 좋다. 경험상 대부분 흔쾌히 들어주신다.

공손한 자기소개와 더불어 ① 어떤 장학금을 신청하는지 ② 나는 어떤 사람이고 왜 장학금이 필요한지 ③ 마감일은 언제이고 ④ 꼭 적어주셨으면 하는 내용은 무엇인지 '간략하게' 정리해서 메일을 드리자. 추천서를 부탁드릴 땐 마감 일주일 전에는 연락드리는 것이 예의이니 이 부분 역시 유의하자. 기한이 촉박하다면 마감일을 언급하며 조심스레 부탁드리는 것이 좋다.

추천서를 받는 것부터 지레 겁먹을 필요 없다. 나는 얼마 전 다짜고짜 주민센터에 찾아가 동장님께 추천서를 부탁드린 적도 있었다. 그러자 하루 만에 뚝딱 추천서를 내어주시는 것이 아닌가. 덕분에 좋은 결과를 얻을 수 있었다.

지원 결과에 상관없이 커피 한 잔과 함께 교수님을 찾아가 감사의 말씀을 전해드리자. 아주 기뻐하시며 다음 추천서도 흔쾌히 써주실 것이다.

| **생활비도 장학금으로!**

나의 첫 장학금은 입학 장학금이었다. 운 좋게 대학교 면접을 잘 본 덕인지 1년 전액 장학금을 받았고 그때 처음 '아, 장학금을 받으면 대학생활이 행복하겠구나?'라는 생각을 했던 것 같다.

우선 등록금이 해결됐으니 다음으로 신경 쓴 것은 '생활비 장학금'이었다. 장학금은 크게 ① 등록금 장학금과 ② 생활비 장학금으로 나뉜다. 등록금 장학금은 '중복수혜'가 불가능해 등록금 범위에서만 지원받을 수 있다. 만약 등록금보다 장학금을 더 많이 받았다면 그 초과분은 반환해야만 한다. 그러니 등록금 장학금을 여러 개 받는 것은 비효율적일 수 있다.

반면 생활비 장학금의 경우 '중복수혜'가 가능해 등록금을 초과하는 금액을 받더라도 반환할 필요가 없다. 장학금을 온전히 내 생활비로 사용할 수 있는 것이다. 그러니 생활비 장학금의 경우 최대한 많이 신청하는 것이 좋다. 특히 국가장학금으로 등록금 전액이 나오는 학생들은 생활비 장학금에 더욱 집중하자. 물론 등록금 장학금보다 경쟁은 조금 더 치열한 편이다.

| 자기소개서, 방망이 깎는 노인이 되자

장학금 자기소개서는 아무리 강조해도 부족함이 없을 만큼 중요하다. 그럼에도 불구하고 자기소개서를 잘 쓰는 사람은 오히려 드물다. 그러니 다음의 내용을 기초로 자기소개서를 작성한다면 큰 차이를 만들 수 있을 것이다.

나의 자기소개서는 역지사지로부터 시작했다. 과거 로스쿨 행정실에서 잠깐 일한 적이 있다. 저녁을 먹을 시간이 한참이나 지난 저녁 9시. 떡이 된 머리에 다크서클이 유난히 짙은 교수님께서 도시락 하나를 찾아가셨다. 신입생 선발을 위해 하루 종일 자기소개서를 읽다 이제야 첫 끼를 드신다면서 말이다. 장학금 심사위원분들은 하루에도 수백 장의 글을 읽으신다. 자기소개서는 피곤한 상태에서 읽을 확률이 매우 높은 글이라는 것이다. 자기소개서를 반드시 읽기 편하게 써야 하는 이유다.

나는 자기소개서에 스토리를 담아 흐름을 만들었고 첫 문단에서 전체 내용을 요약적으로 제시했다. 소목차를 활용해 내용을 구분해 주었고 마지막 문단에서는 다시 한번 중요 내용을 언급하며 강조해 주었다. 간결한 문체와 키워드 반복은 기본이다.

내가 반드시 넣었던 내용은 ① 나의 환경과 어려움 ② 꿈과 목표

③ 어려움을 극복하기 위한 고민과 '처절한' 노력 ④ 노력을 통한 성과 ⑤ 현재의 난관 ⑥ 장학금을 받으면 어디에 사용할지 ⑦ 장학금을 받지 못했을 때의 대안과 예상되는 어려움이었다.

나는 자기소개서 작성에 평균 10시간을 들인다. 방망이 깎는 노인이 된 듯 수십 번을 다시 읽으며 한 글자씩 깎아 나갔다. 이렇듯 자기소개서에 많은 공을 들인 이유는 당연하게도 그만큼 중요하기 때문이다. 자기소개서가 당락을 결정짓는다는 것은 결코 과장이 아니다. 자기소개서는 나의 간절함과 노력, 비전을 보여줄 수 있는 소중한 수단이다. 어쩌면 유일한 수단일지도 모른다. 그러니 그 간절함을 자기소개서에 잘 녹여내길 바란다.

더불어 사진, 동영상 등 기타 자료를 제출할 수 있다면 반드시 제출하자. 다른 지원자들과 달리 여러 자료를 제출하는 것만으로도 절박함과 차별성을 보여줄 수 있다. 위 자료들이 이미 준비되어 있다면 기타 자료를 요구하지 않은 경우에도 제출해 보자.

| 자기소개서는 평가받는 글이다

물론 감동도 좋다. 그러나 자기소개서는 본질적으로 '평가받는 글'이다. 조금 다르게 말하자면 자기소개서는 내가 쓰고 싶은 것을

적는 글이 아니라, 상대를 설득하는 글이라는 것이다. 나에게만 의미 있는 글을 적는 것은 자기만족에 불과하다. 그러나 대부분의 지원자는 내가 쓰고 싶은 글을 적는다. 많은 지원자가 자기소개서를 잘 쓰지 못하는 이유다.

1) 질문에 맞는 답을 작성하자

장학재단에서 제공한 자기소개서 형식과 질문이 있다고 하자. 그렇다면 질문에 맞는 답을 작성하는 것이 당연할 것이다. 그러나 많은 지원자가 자신에게 의미 있거나 열심히 활동한 내용들로 자기소개서를 채운다. 심지어 질문과 관련 있는 활동조차 아닌데 말이다. 설마 그럴까 싶겠지만 지원자 중 절반은 질문에 충실하지 않은 답변을 늘어놓는다. 질문에 맞는 답을 적는 것만으로도 큰 차이를 만든다.

2) 글자 수는 자원이다

대부분의 자기소개서는 '~를 1,000자 이내로 서술하시오'처럼 분량 제한이 있다. 그렇다면 '1,000자'를 어떻게 분배해 무엇을 쓸지도 중요한 문제가 된다.

당신이 여행 가이드가 되어 이탈리아 여행 패키지 상품을 직접 기획한다고 상상해 보자. 하루쯤 시칠리아 해변에서 여유로운 오후를 보내는 것은 좋은 일정일 것이다. 그런데 모든 일정을 똑같은 해변으로만 채운다면 어떨까? 과연 누가 내 패키지 상품을 사줄까?

자기소개서도 마찬가지다. 한 가지 평가 기준에 관한 내용은 충분해 이미 100점짜리지만 진로나 공익성, 성장환경 등 다른 평가 기준에 대해 전혀 작성하지 않은 경우가 흔하다. 이 경우도 해변으로 가득한 패키지 상품과 같다. 합격하는 글이 되기 힘들다는 것이다.

나는 평가 기준을 나열한 후 이에 따른 글자 수를 미리 배정해 두길 추천한다. 예컨대 1,000자 중 300자는 학점과 수상실적을 통해 나의 능력을 강조하고, 250자는 봉사 활동으로 공익성을, 남은 글자 수로는 대외 활동과 학업계획으로 진로를 강조하는 식이다. 이 역시도 하나의 예시일 뿐이지만 대부분 적용할 수 있다. 물론 과학, 체육 등 특정 분야에 아주 특별한 성과가 있는 경우 많은 글자 수를 할애하여 능력을 보이는 것도 훌륭한 전략이 될 수 있다.

3) 스토리를 활용하자

인상적이며 읽기 쉬운 글을 쓰는 가장 쉬운 방법이 있다. 바로 글 전체를 관통하는 스토리를 만드는 것이다.

내가 현재의 진로를 선택한 계기가 된 사건은 무엇인지, 지금까지 어떤 고민과 함께 무슨 활동을 이어왔는지, 그 과정에서 무엇을 배웠고 앞으로 어떤 것들을 더 해 나가고 싶은지에 대해 전체적인 흐름을 제시하는 것이다. 이때 스토리는 반드시 구체적이어서 신뢰할 수 있고 납득 가능해야 한다. 예컨대, 사회의 가이드라인을 제시할 수 있는 사람이 되고 싶어 로스쿨에 진학하고 싶다면 과연 지원자의 이야기를 신뢰할 수 있을까? 정치나 사회학을 전공하는 것이 더욱 적절하지 않을까? 이렇듯 납득할 수 없는 스토리는 오히려 글의 다른 부분에 대한 신뢰성마저 해치고 만다.

특히나 자기소개서의 첫 문단은 첫인상과 같다. 이때 전체 내용을 요약하며 스토리를 제시하면 더욱 인상적인 글이 될 수 있다. 스토리 작성에 어려움을 겪는다면 이 책의 공동저자 중 한 명인 윤준필 작가의 책 『취업, 스펙에 스토리를 더하다』를 추천한다.

4) '나'의 언어로 구체적인 문장을 쓰자

"저는 오랜 기간 교육봉사를 했습니다. 그 과정에서 나누는 삶의 중요성을 배웠습니다"

어디선가 본 적 있는 문장 같지 않은가? 그렇다면 이는 잘 쓴 문장일까? 나는 '잘 쓰지 못한 문장'이라 생각한다. 물론 지원자가 오랜 기간 교육봉사를 했다는 사실로 인성과 성실성 등을 평가할 수 있을 것이다. 그러나 지원자가 왜 교육봉사를 했는지, 그 과정에서 어떤 고민을 했는지, 무엇을 배웠는지가 전혀 드러나지 않는다. 심지어 느낀 점은 교육봉사를 한 번도 해보지 않은 사람조차 쉽게 흉내 낼 수 있을 만큼 지나치게 상투적이다. 그렇다면 어떻게 바꿀 수 있을까? 다음 문장을 보자.

"저는 고등학생 시절부터 아동인권에 관심이 많았습니다. 당장이라도 아이들을 돕고 싶은 마음에 지역아동센터에서 교육봉사를 시작했고 지금까지 5년간 7명의 초·중학생들을 가르쳐 왔습니다. 아이들을 이해하기 위해 독학했던 심리학은 제게 상담심리의 꿈을 주었습니다"

어떤가? 지원자가 어떤 마음으로 교육봉사를 시작했는지 알 수 있으며 구체적인 숫자를 사용해 내용과 진실성을 강조했다. 또한 진로와 자연스럽게 연결했기에 지원자의 성격과 진로 선택에 대한 진정성도 드러난다.

그러니 단순히 '어떤 활동을 했다'라는 서술보다는 ① 왜 이 활동을 선택하였는지 ② 활동 중에 어떤 역할을 맡아 어떤 성과를 냈는지 ③ 그 과정에서 어려움은 무엇이었고 어떤 고민과 노력을 했는지 ④ 이를 통해 무엇을 배웠고 어떤 후속 활동으로 이어졌는지를 구체적으로 작성한다면 나의 성격과 진로, 계획성, 능력을 더욱 강조할 수 있을 것이다.

5) 자기소개서, 이렇게는 쓰지 말자

앞서 자기소개서는 읽기 쉬워야 함을 강조했다. 장학생 선발자는 하루에도 수백 장의 글을 읽기 때문이다. 온종일 비슷한 자기소개서를 읽는 것도 쉽지 않은데 이 와중에 길고 복잡한 문장은 괴롭기만 하다. 진부한 감상은 재미도, 차별성도 없다. 감정 없이 뚝뚝 끊기는 글은 최악이다. 모든 문장을 가득 채운 쉼표는 읽는 데 방해가 된다.

내용적인 측면에서도 고려해야 하는 것이 있다. 예를 들어, "본인의 장단점과 가치관에 대해 700자로 서술하시오"라는 질문이 있다고 하자. 그렇다면 나의 장점과 가치관을 설명하는 데 대부분의 글자 수를 활용해야 할 것이다. 단점 역시 노력을 통해 극복 중이거나 적어도 치명적인 것은 아니어야 한다. 만약 '저는 이기적인 사람입니다'와 같은 단점을 적는다면 어떨까? 심지어 700자 중 600자를 단점에 대해서만 적는다면 어떨까? 놀랍게도 이런 식으로 쓰인 자기소개서를 심심치 않게 볼 수 있다.

6) 자기소개서는 남는다

마지막으로 더 강조하고 싶은 것은 자기소개서는 사라지지 않고 남는다는 점이다. 한번 잘 써놓은 자기소개서는 다음 장학금 신청에서도 훌륭한 기초 재료가 된다. 장학금의 목적과 목차에 따라 써 놓은 글을 조금만 바꾸면 쉽게 새로운 자기소개서를 만들어 낼 수 있다. 그야말로 선순환이 반복되는 것이다. 한 번만 제대로 고생하면 다음부터는 쉽다. 장학금은 한 번 받아본 사람이 계속 받는다는 것도 이런 맥락이다.

| 내가 나아가는 방향을 돌아보자

자기소개서를 쓰다 보면 자연스레 나의 과거부터 미래, 꿈과 가치관 등을 정리할 수 있다. 바쁜 일상에서 잠깐 벗어나 자신의 궤적이 어디로 향하는지를 확인하는 것이다. 일상 속에서 스스로에 대해 '메타인지'를 할 수 있는 기회는 흔하지 않다. 이를 통해 삶의 방향을 건강하게 정립할 수 있을 것이다.

예컨대 학업계획서를 통해 커리큘럼 등과 같이 나의 꿈을 이루기 위해 필요한 것들을 구체적으로 계획할 수 있으며, 자신의 꿈에 대해 구체적으로 고민할 수 있는 시간을 가질 수 있다.

가깝게는 여러 수강 과목들을 통해 어떤 커리큘럼을 통해 공부할 것인지, 어떤 세부 전공이나 분야를 공부하고 싶은지 고민할 수 있다. 세부 전공은 사실 학부보다는 대학원에서 정해지는 경우가 많지만, 수강 신청을 통해 자신의 무기를 다듬을 수 있는 것 또한 사실이다. 예를 들어 의학을 전공할 때에도 연구를 좋아해 기초의학 분야를 공부하고 싶은 것인지, 아니면 환자 보는 것을 좋아해 임상의학 분야를 공부하고 싶은 것인지 등을 생각해 볼 수 있다. 임상의학을 한다면 주로 환자를 보는 과에 가고 싶은지, 검사 결과를 판독하고 전달하는 역할을 하고 싶은지 등 고민을 하다 보면 자연스럽게 스스로가 그리는 미래상과 가치를 알 수 있을 것이다.

| 대외 활동도 장학금으로 뚝딱!

장학금은 수여식 이외에 추가적인 활동이 없는 것이 대부분이다. 그러나 최근에는 서포터즈, 독서토론, 조별 활동 등 대외 활동과 결합된 장학금이 많아지고 있다. 이런 대외 활동이 마냥 귀찮게만 느껴지는 학생들도 있을 것이다. 학점을 챙기고 진로를 준비하는 것만으로도 바쁘다 보니 시간을 빼앗긴다는 생각이 들 수도 있다.

그러나 시간이 흘러 과거를 되돌아보는 지금, 나는 대외 활동과 결합된 장학금을 적극 추천한다. 귀찮음을 조금만 견뎌낸다면 그 어느 활동보다 밀도 있는 경험을 제공해 주기 때문이다. 나 역시 외부 장학금을 통해 수차례 서포터즈로 활동했고 다문화가정 인식 개선 영상 촬영, 독서토론, 캠페인 등 많은 활동을 할 수 있었다. 대외 활동을 따로 하지 않았지만 어느새 진로를 위한 대외 활동도 충분할 정도로 쌓여 있었다. 남들은 돈과 시간을 투자해야 하는 대외 활동을 오히려 돈을 받으며 한 것이다.

그 과정에서 쌓은 인간관계도 특별하다. 각자의 배경을 가진 또래들부터 영화감독, 벤처창업자, 변호사, 심지어 회장님들까지. 전공과 학교, 국가조차 뛰어넘어 다양한 분야에 있는 훌륭한 사람들을 만날 기회는 흔치 않다. 어느 활동을 통해 대학생이 이토록 다양하고 훌륭한 분들을 정기적으로 만날 수 있을까. 당시 맺어진 인연은 지금까지도 이어지고 있다. 이 책 역시 그러한 활동의 연장선상에 있다.

| 결과에 상관없이
  스스로를 다듬어 나가자

물론 결과가 좋으면 좋겠지만 앞서 언급했듯 장학금은 경쟁률이 매우 높다. 그러니 장학금을 받지 못하게 되더라도 우울해하거나 실패했다는 생각을 하지는 않았으면 한다. 회사나 대학이 각자 추구하는 인재상이 다르듯 장학재단도 마찬가지다. 나의 능력과 무관한 요소가 당락에 큰 영향을 준다는 것이다.

그렇기에 장학금에 합격하지 못하더라도 낙담하기보다는 나의 글과 면접 과정에서 있었던 아쉬움을 보완한 후 다음 장학금에 도전하는 것이 좋다. 실제로 매달 수많은 장학재단이 적합한 인재를 찾기 위해 우리만큼이나 노력하고 있으니 다음 기회를 위해서 또 열심히 노력해 보자!

이성환 저자의 사례로 알아보는 장학금 이야기

◆ ◆ ◆

내가 대학에 입학하던 당시 부모님께서는 사업을 하고 계셨는데 가정 형편이 좋지는 않았다. 자영업은 경기의 영향을 많이 안정적인 수입을 유지하기가 쉽지 않았기 때문이다. 무엇보다 나는 1남 2녀의 장남이며 동생은 연년생인 터라 나는 내가 스스로 돈을 벌어서 학교에 다녀야겠다고 생각했다.

또한 대학생이 재정적으로 완전히 자립하기는 어렵겠지만 부모님으로부터의 의존도를 낮출 필요는 있다고 생각한다. 대학생은 법적으로 '성인'이기에 자신의 결정과 삶을 책임질 수 있어야 한다.

그 시작점이 바로 금전적인 부분에서의 독립이다. 스스로 번 돈으로 내 삶을 꾸려 나가고 자기계발에 투자한다면 인생에 대한 몰입도는 완전히 달라질 것이다. 내가 힘들게 번 돈을 나에게 재투자하는 것이기에 자연스레 고민은 신중해지고 책임 역시 나의 몫이다. 결과적으로, 돈을 벌어본다는 경험은 스스로에 대한 책임, 선택에 대한 고심, 그리고 이후의 몰입도를 증가시켜 성장에 큰 도움이 될 것이다.

나는 수능이 끝남과 동시에 신입생을 대상으로 하는 장학금을 집중적으로 찾았다. 신입생에게 수여하는 장학금들은 대부분 졸업 시까지 지원하는 경우가 많았기에, 등록금에 대한 부담을 덜 수 있을 것이라 생각했다. 나는 꼭 한 번에 전액 장학금을 받을 필요는 없다고 생각했다. 많은 장학금이 중복수혜를 금지하고 있긴 하나 그 액수가 등록금 범위 내에 있는 경우에는 양해를 구하여 받을 수 있는 경우가 있기 때문이다. 또한 의과대학의 학비는 상당히 비싼 편이라 이를 100% 커버해 줄 수 있는 장학금을 찾기 어려웠던 것도 있었다.

그중 나에게 가장 잘 맞는다고 생각한 장학재단은 '용운장학재단'이었다. 의과대학은 그 특성상 외부 장학금 지원이 많지 않은 편이었는데, 용운장학재단은 연세대학교 상경대학 출신의 이사장님과 의과대학 명예교수님이 이사로 계셨기에 가능성이 높을 것이라 생각했다. 뽑는 인원 또한 많아 한 명 정도는 의학 계열 학생을 뽑을 수도 있겠다는 판단을 하였다. 지금은 재수나 삼수생은 뽑지 않고 오직 '현역' 대학생만을 뽑지만 당시에는 대학 신입생이 기준이었으니 운이 좋기도 했다. 지원서는 크게 자기소개, 학업 생활, 미래 계획, 그리고 기타 특기사항에 대해 4페이지 내로 적어야 했다. 면접에서도 서류와 관련된 내용들에 대한 질문을 받으며 합격할 수 있었다.

면접에서 가장 날카로웠던 질문은 나의 꿈에 대한 구체성과 이에 대한 고민이 충분히 동반되어 있었는지에 대한 것이었다. 나는 기껏해야 새내기 대학생이지만 내 앞에는 의학의 대가도, 수많은 장학생을 보아온 이사장님도 계신다. 내가 아무리 깊게 고민을 하더라도 그 깊이에 대한 평가는 선생님들의 손바닥 위에서 뛰노는 것만큼이나 얕을 수밖에 없다. 그러한 한계를 알기에 자기소개서와 학업계획서 작성에 더욱 열과 성을 기울였고, 결과적으로 다른 경쟁자들보다 깊은 모습들을 보여줄 수 있었기에 합격할 수 있었던 것 같다.

지금 생각해 보면 용운장학재단을 들어가게 된 것은 나에게 큰 행운이었다. 다른 장학재단과는 다르게 용운장학재단은 장학생 간의 네트워크를 중시하고 이를 끈끈하게 하기 위해 여러 가지 프로그램들을 운영한다. 장학금 수여식 직후 장학생들이 함께 엠티처럼 가는 캠프 행사가 있고, 1회 장학생 해외탐방을 갈 기회가 부여되며 여름에는 래프팅, 겨울에는 뮤지컬을 단체로 관람할 수 있게 해준다. 경쟁을 통해 자유롭게 250만 원의 해외여행 경비를 지원받을 수 있는 글로벌 프론티어 프로그램도, 이후 인문사회 계열 대학원 또는 로스쿨 진학 시에 대학원 장학금을 연계하여 받는 것도 가능하다. 나의 경우 대학생활 동안 할 수 있는 동아리나 친목, 그리고 해외여행과 레저들을 좋은 장학재단에서 장학금을 받는 것으로 한 번에 해결할 수 있었다. 이 정도 장학재단이면 자랑하고 또 추천할 만하지 않은가?

단 하나 아쉬운 점이 있었다면 나의 학비가 605만 2천 원인 것에 비해 내가 지원받았던 장학금은 350만 원이라 255만 원이 부족했다는 것이다. 그랬기에 나는 나머지 학비를 지원받을 방법을 계속해서 궁리하게 되었다. 여기서 제일 중요했던 것은 어떠한 사람으로 성장하여 어떠한 장학금을 받을 것인가에 대한 선택이었다. 나는 공부도 좋지만 공부보다는 더 넓은 세상을 직접 경험하며 성과를 내고 싶었다. 그랬기에 뒤에서 언급할 다양한 활동들을 통해 가치관을 넓히고 호기심을 충족시키며, 새로운 장학금을 받을 수 있는 선순환 구조를 만들 수 있었다.

요즈음은 공부만 잘하는 학생이 아니라 자신의 삶을 정의하고 주체적으로 살아가는 학생에게 기회를 주는 재단들도 많아졌다. 우수함과 열정의 정의가 확장된 것이다. 예를 들어, 한국지도자육성장학재단에서는 그 학생의 학업 성적이 아닌 '활동'과 다음과 같은 가산점 항목을 바탕으로 평가를 진행한다.

- 대학 단과대학 학생회장/부학생회장
- 대학 방송사(학보사 포함) 혹은 동아리연합회 회장/부회장
- 대한민국 인재상 수상자 혹은 국제대회 수상자
- 전국 규모의 각종 대회 입상자
- 각종 학술/논문공모전 입상자
- 특별한 재능 또는 모범적 활동으로 국가 및 지자체로부터 수상한 자(광역단체장 이상)

이곳에서는 단순하게 공부를 잘하는 학생보다는, 리더십을 보여줄 수 있는 사람 또는 학업이 아닌 분야에서 상당한 수준의 능력을 인정받은 사람에게 장학금을 주겠다고 이야기하고 있었다. 나의 경우 당시 의과대학 부학생회장을 역임하고 학생회장으로 선출되었고, 대학 홍보팀에서 기자로 일했으며, 산업통상자원부와 보건복지부에서 장관상을 받기도 했었다. 이외에도 자신의 능력을 증명할 수 있는 부분이 있다면 제출하라는 항목이 있었는데, 대외 활동에 투신하다시피 열정적으로 산 삶이다 보니 여러 공모전 수상실

적과 소소한 연구 실적, 그리고 서적 집필 활동들을 엮어낼 수 있었다.

　나의 삶과 부합한다고 생각한 것 외에도 해당 장학금에서 가능성을 보았던 여러 부분이 있었다. 첫 번째는, 지원 대상이 3~4학년으로 한정되어 있었다는 점이다. 3~4학년의 경우 이미 장학금을 받고 있거나, 취업으로 바쁠 경우가 많을 것이기에 장학금 신청자가 적을 것 같았다. 또한, 나는 당시 본과 2학년으로 학년으로는 4학년이었기 때문에 타 지원자보다 자기소개서를 쓰기 유리한 부분이 있다는 판단이 들었다. 두 번째는, 요구하는 서류가 상당히 많았다는 점이다. 자기소개서의 질문 항목 개수만 해도 5개나 되었고 추천서가 필요했으며, 증빙서류를 모두 모아오는 일 또한 쉽지 않을 것이라는 생각이 들었다. 마찬가지로, 3~4학년들이 취업이나 다른 일로 바쁠 가능성이 높다는 판단이 들기도 했다. 마지막으로는 학교별 추천 인원이 2명으로 정해져 있었다. 결국 재단에서 면접이나 평가를 하기 전 학교에서 한 번 거르겠다는 뜻이었는데, 학생회와 홍보팀 기자 활동, 그리고 학교 내 활동을 하면서 연세대학교가 추구하는 인재상을 정확하게 알고 있었던 나는 해당 기준에 부합한 사람이라는 것을 보여줄 수 있다는 생각이 들었다.

　결과적으로 해당 장학금에도 최종 합격할 수 있었다. 이 장학금도 받고 보니 신청하길 잘했다는 생각이 들었는데, 리더십과 다양한 활동을 기준으로 주는 장학금인 만큼 장학생들의 색깔이 가지각색이었다. 등산을 자신의 콘텐츠로 삼아 전 세계의 산을 등반하는 사람도 있었고, 이미 일찍이 시인으로 등단하여 문학가의 길을 걷고 있는 사람도 있었다. 그리고 공통적으로 모두가 자신의 가치관에 대해 자신감을 가지고 그 길을 걸어 나가려는 의지와 열정을 가지고 있었기에 나 역시도 더욱 열심히 살아야겠다는 생각을 하게 되었다.

이처럼 장학재단은 단순한 재정적 지원뿐 아니라, 나의 꿈과 가치관에 대한 점검과 앞으로 나아가야 할 길에 대한 고민, 그리고 그 사이에서 만나는 사람들을 통해 성장 동력을 얻을 수 있는 소중한 곳이다. 또한, 재정적인 문제를 해결하고 나면 그만큼 시간을 벌 수 있고 이를 통해 더욱 창의적이고 주체적인 삶을 누릴 수 있다. 그렇기에 대학에 들어가서 가장 먼저 고민해 봐야 할 문제 중 하나는 바로 '장학금'이라고 생각한다. 다음은 내가 실제로 장학재단에 지원했을 때 썼던 지원서를 다소 각색한 것이다. 참고되기를 바란다.

지원서 예시
(용운장학재단 지원, 20살 재수 직후)

꿈: 고등학생 때 연세대 의과대학 교수님께 이메일을 드려 저의 연구 계획을 설명하고 랩의 한 귀퉁이를 얻어 실험한 적이 있습니다. 그때 저는 암세포에 Flavonol(과일에 많이 존재하는 천연 항산화제)을 처리하는 연구를 했고, 이를 통해 사소한 변인의 차이가 미치는 영향이 크다는 사실을 알게 되었습니다. 단순히 사람의 나이나 체중에 따라 복용량을 달리하는 현재의 의료 체계는 아직 불완전하고, 이는 곧 약 부작용이나 환자의 신체적 부담으로 이어진다고 생각합니다. 특히, 노인들의 면역이나 신체 체계, 그리고 신생아들의 발달 과정에서의 신체 체계는 주로 약을 처방하는 청장년의 그것과는 상이하기에, 동일한 치료 방법이나 약물 치료가 유의미한 효과를 내지 않는다고 생각했습니다. 그래서 저는 이 의료 체계를 보완하고 사람의 신체적 특징에 따라 치료를 달리할 수 있는 맞춤 치료법을 개발하는 임상약리학자가 되고 싶다는 꿈을 꾸게 되었습니다. 외국에서는 임상약리학이 반세기가 넘는 역사를 가지고 있지만, 한국에는 도입된 지 얼마 되지 않았기에 대부분의 병원에서는 하나의 독립적인 학과로 분과되지 않은 상황입니다.

그만큼 연구 환경이 열악하기도 하지만, 저는 아직 초기 단계의 연구가 진행되고 있는 만큼 가능성이 많다고 생각합니다.

저는 임상약리학에서 사람들의 특성에 따라 치료법을 분화시킬 수 있는 '맞춤 치료 맵'을 개발하고 싶습니다. 마치 유전체 연구(게놈 프로젝트)가 인간의 유전자에 대한 질병이나 장애 요소들을 특정할 수 있게 도왔듯이, 저 역시도 사람의 특징에 따라 적절한 치료법을 매칭시킬 수 있는 가이드라인을 제시하고 싶습니다. 임상약리학은 특정 부위나 질병에만 초점이 맞추어져 있지 않습니다. 굉장히 광범위한 영역에 걸쳐서 의과대학 내부의 학과를 중개하는 역할을 하게 됩니다. 가교로써 환자들에게 최적화된 치료로 고통을 완화시키고, 가이드라인을 제시하여 한국이 임상약리학 선도국가로 설 수 있게 연구에 박차를 가할 것입니다.

학업에 걸림돌이 되는 요소/극복 방법: 처음에는 스스로 힘으로 저의 모든 앞가림을 해보고자 노력했습니다. 그러나 의예과 학비는 다른 학과보다 훨씬 비쌌고, 연세대학교의 의무 기숙사 생활(1학년), 식비, 동아리 활동비를 합치면 아직은 역부족이라는 생각이 들었습니다. 그러던 중 연세대학교 장학 복지처를 통해 본 장학재단을 알게 되었고, 재단 홈페이지에서 용운장학회가 어려운 환경에서도 공부를 계속하고자 하는 학생들과 함께한다는 글귀를 읽고 지원하게 되었습니다. 제게 장학금이 필요한 첫 번째 이유는, 저를 지원할 수 없는 집안 형편 때문입니다. 이미 제 아래로 고등학생인 동생이 2명 있고, 아버지가 회사에서 퇴직하신 후로 사업을 시작하시는 단계이기 때문에 수입이 많지 않습니다. 또한, 어머니 아버지가 각각 장남 장녀로서 친가와 외가의 조부모님을 부양하십니다. 현실적으로 저의 등록금을 낸다는 것은 조부모님에 대한 부양을 덜하거나 포기하는 것과 같기에 저는 더더욱 집으로부터의 지원을 바랄 수 없습니다. 그렇기에 저는 용운장학회가 제 학비 마련의 마중물이 되기를 원합니다. 이미 든든학자금 대출을 신청해 놓은 상태지만 장학금을 통해 1학기 학비를 빠르게 상환하고, 1학년 2학기부터 받을 수 있는 성적장학금과 근로장학금으로 나머지 학비를 충당해 나갈 생각입니다.

가치관 및 인생관: '스스로를 다른 사람과 비교하지 말자'가 제 인생관입니다. 비교적 평범했던 저는 중학교, 그리고 고등학교 때도 뛰어난 친구들과 공부하고 지내면서 내세울 만한 장점이 없었습니다. 그래서 매번 위축되기 마련이었고, 이를 참을 수 없어 남들보다 훨씬 더 많이 공부했었습니다. 그리고 고등학생이 되어서는 다양한 활동 속에서 두각을 나타내는 것 같았던 저 자신을 바

라보며 남들보다 낫다는 사실에 매일 안도하고 기뻐했습니다. 그렇기에 실패다운 실패를 해보지 못했던 제가 재수를 하게 되었을 때, 남들보다 뒤처지고 있다는 사실을 알게 되었을 때는 많이 힘들어했던 것 같습니다. 그러나 재수학원에서 함께 다시 도전하는 친구들을 보며 저 자신이 너무 나약하다는 생각이 들었고, 그때부터는 저를 남과 비교하지 않게 되었습니다. 그 대신, 스스로를 자신의 기준에 맞추어 향상시키는 데 주력하게 되었습니다. 그렇게 마음을 바꾸자 매번 상대적인 위치에 대해 불안해하던 마음이 사라지고, 절대적인 역량에 계속해서 도전하며 희열을 느낄 수 있었습니다. 이는 제가 앞으로 다가올 고난에 대해 좌절하지 않고, 우직하게 자신을 단련해 나갈 수 있는 원동력이 될 것입니다.

또한 '도움을 받으면, 어떠한 방식으로든 그 도움을 나보다 더 필요한 사람들에게 전달하자'가 저의 가치관입니다. 중학교 1학년 때 아버지가 사업을 준비하시느라 수입이 거의 없었던 기간, 그리고 고등학생 때 아버지의 사업이 크게 흔들려서 빚이 늘어갔던 기간에 저는 외부로부터 많은 도움을 받았었습니다. 그러나 저는 항상 저에게로 향한 외부의 지원이 사치스럽다고 느끼곤 했습니다. 비록 제가 열심히 해서 좋은 환경에서 공부할 기회를 얻은 것이지만, 저의 학비는 비쌌기에 이를 정말 필요한 사람들이 받지 못한다는 생각에 죄책감이 들었었습니다. 그래서 저는 제가 받은 것을 저보다 더 도움이 필요한 사람에게 전달하고자 노력했습니다. 겨울에 자선 공연을 열어 은평구 독거 노인분들께 이불을 사서 전달하기도 했고, 학생회 행사부장으로서 행사를 주최하면서 남은 돈을 모아 쌀을 사서 지역 단체에 기부하기도 했습니다. 물론 이는 제가 받은 도움에 비하면 분명 작고 보잘것없습니다. 그러나 저는 언제가 됐든 제가 도움을 줄 수 있다면 작더라도 도움을 주는 것이 중요하다고 생각합니다. 누군가가 저를 통해 도움을 받는다는 사실은 언제나 즐거웠습니다. 물론 저도 물질적으로 지원해 줄 수 있을 만큼 넉넉해진다면 남들에게 조금 더 직접적인 도움을 주고자 노력할 것입니다. 그러나 그럴 수 없는 지금은 물질적 지원보다는, 도움을 받았을 때의 기쁜 감정을 보다 많이 전달해 주고 싶습니다. 물질만능주의적 가치관이 팽배해져 가는 현재가 너무 안타깝고 바뀌었으면 좋겠다고 생각합니다. 그렇기에 제가 먼저 행동으로 보여 아직 세상이 살만하고 따뜻하다는 것을 느낄 수 있게 하는 사람이 되고 싶고, 또 그렇게 행동할 예정입니다.

공모전:
대학생활 커리어의 시작

● 이성환

| 커리어로서의 공모전

취업이 어려울 때면 이런 말이 나온다.

"이렇게 경력직만 뽑으면 신입은 어디서 경력을 쌓나"

대한민국의 구직 시장이 유연화되고, 정보의 비대칭성이 해소되면서 너도나도 좋은 직장을 찾는 것에 여념이 없는 시대이다. 그렇다 보니 신입으로 좋은 기업에 들어가기는 더욱 어려워지고 있다. 그러나 거꾸로 기업 입장에서는 신입들이 스스로의 역량을 '차별화'하지 못했다고 생각할 수 있다. 이전과 달리 학점이나 토익과 같은 학업 역량은 보편화되어 버렸고, 완화된 학점 평가제도와 토익 학원의 성행으로 만점에 가까운 실력이 아니라면 플러스 점수를 받기 어렵다.

이러한 상황에서, '공모전'은 학생이 커리어를 쌓아 나갈 수 있는 기회를 제공한다. 나의 아이디어나 기획력, 영상 편집력과 같은 능력을 경쟁을 통해 공정하고 객관적으로 인정받을 기회인 것이다. 이렇게 공모전을 통해 특정 직무에서의 능력을 증명한다면 기업에서는 선호할 수밖에 없다. 공모전에서의 성과를 기초로 기업에서 채용전환형 인턴 제안, 서류 전형 면제 등의 혜택을 주는 경우도 많다. 취업을 준비하고 있다면 공모전이 빠질 수 없는 이유이다.

| 공모전을 통해 얻는 것은
　커리어뿐만이 아니다

공모전의 이점은 단순히 커리어를 쌓아 나가는 것에만 머물지 않는다. 부가적으로 얻어갈 수 있는 것이 굉장히 많다. 대표적으로 상금이 있다. 대학생활을 하다 보면 돈이 들어갈 곳이 정말 많다. 적지 않은 학자금부터, 월세, 생활비까지. 이로 인해 많은 친구가 아르바이트나 과외를 통해 생활비를 벌고는 한다. 공모전으로 상금을 타게 된다면 일하는 시간을 줄여 남는 시간을 자신에게 재투자할 수 있다.

무엇보다 아르바이트나 과외 등은 자신의 시간을 '돈'으로 환산하는 것이지만, 공모전은 시간을 자신의 발전을 위해 쓰는 것이다. 그렇기 때문에 시간과 돈의 양자택일이 아닌, '일거양득'이다.

또한, 공모전을 통해 만날 수 있는 사람들이 있다. 대학 입학에 만족하지 않고 꾸준히 자기 발전을 위해 노력하는 사람들과 특정 주제에 대한 깊은 관심을 가진 친구들이 공모전에 지원한다. 이들은 분야를 막론하고 높은 열정과 지식을 가지고 있으며 공모전은 그들과 만나는 기회가 된다. 나이가 들면 들수록 새로운 사람을 만나 관계를 맺을 일이 적어진다. 동시에 주변 사람들의 영향은 더욱 진하게 받게 된다. 대학생과 청춘의 한가운데서 나에게 긍정적인 영향을 줄 수 있는 사람들을 만나는 것은 이후 나의 발전에도 큰 도움이 될 것이다.

마지막으로, 공모전을 통해 '컨설팅'적 시각과 지식 함양의 효율화를 이룰 수 있다. 우리는 정보의 대홍수에서 살아가고 있다. 이러한 세상 속에서 필요한 것은 많은 것을 알고 있는 백과사전식 인재가 아닌, 어떠한 정보든 빠르게 구조화하고 해법을 찾아내는 인재이다. 공모전은 특정 주제에 대한 배경지식을 빠르게 구조화하고 해결책을 고민하며 내가 가지고 있는 전문성과 어떻게 결합할지 제한 시간

내에 이뤄내야 하는 일련의 과정이다. 처음에는 그 과정 자체가 굉장히 어려울 수 있으나, 지속적인 훈련을 통해 발전할 수 있을 것이다. 그렇다면 지금부터는 어떻게 공모전에 접근하고 어떠한 공모전을 지원할 것인지에 대한 개인별 전략에 대해 이야기해 보자.

| 필승전략:
어떤 공모전을 나가야 하는가

공모전을 모아놓은 여러 사이트가 있다.

대표적으로는 위비티(https://www.wevity.com/), 씽굿(https://www.thinkcontest.com/), 올콘(https://www.all-con.co.kr/) 등을 들 수 있다. 처음 공모전에 시도해 보는 경우에는 무작정 큰 대회에 나가기보다는 나와 '핏'이 맞는 공모전을 찾는 것이 좋은데, 그 규모가 작더라도 계단식으로 성과를 이끌어 내는 것이 공모전에 대한 지속성을 담보할 수 있을 것이다. 규모가 작은 대회의 경우 책정되어 있는 홍보 비용이 적을 수밖에 없다. 이에 따라 특정 사이트에만 해당 정보가 게시되어 있을 가능성이 높으니 세 사이트를 두루두루 살펴보는 것을 추천한다.

해당 사이트에 들어가게 되면, 분야, 응시대상자, 주최사 등으로 나누어져 있는 경우가 많다. 분야의 경우 주로 기획/아이디어, 광고/마케팅, 논문/리포트, 영상/UCC/사진, 문학/글/시나리오, 예체능/미술/음악, 취업/창업 정도로 볼 수 있다. 자신이 특정 분야를 전공하거나 해당 분야에 강점이 있다면 해당 카테고리를 먼저 보는 것이 좋을 것이다. 경영학 전공생 중 교내 마케팅학회 등의 활동 경력이 있다면 광고/마케팅을 보는 것이 좋을 것이고, 영상미디어 전공자라면 영상/UCC 파트를 보는 것과 같이 말이다. 하지만 본 글에서는 일반적인 이야기와 다수의 학생들이 참고할 수 있는 '기획/아이디어' 영역에 대해 논해보고자 한다.

응시대상자를 확인하는 것도 전략적으로 매우 중요하다. 만약 응시자격에 대한 제한이 전혀 없다면 수상권에 드는 것이 어려울 수 있다. 반대로, 응시자격을 보지 않은 채 준비를 했다가 뒤늦게 조건이 맞지 않는 걸 알게 되는 낭패를 볼 수도 있다. 따라서 응시대상자를 꼭 확인하자. 첫 시도로는 대학원생은 제외된, 대학생 대회를 위주로 공략하는 것을 추천한다. 이는 수상가능성을 높임과 동시에 집단 내 우수성을 보여줄 수 있다.

주최사를 확인하는 것도 중요하다. 내가 만약 사기업에 취직하고 싶다면 최대한 유사 분류의 기업에서 주최하는 공모전에 참여하는 것이 유리하다. 특히 사기업의 경우 실제로 공모전의 목적이 좋은 인재를 걸러내는 필터 역할을 하는 경우가 많아 이후 인턴 제안 등 취업으로 이어지는 경우가 허다하다. 공기업에 취직하고 싶다면 당연히 공공기관과 관련된 공모전을 나가는 것이 좋을 것이다.

시상 규모도 고려할 수 있는 항목 중 하나이다. '공모전 헌터'라고 불리는 사람들에 대해 들어봤는가? 이는 생활비를 벌기 위해 공모전 출품을 적극적으로 하는 사람들을 뜻하는데, 이러한 사람들의 경우 시상 규모가 크거나 상금이 큰 분야를 노리는 경우가 많은 만큼 첫 시도는 작은 시상 규모에서 시작해 보는 것도 한 가지 방법이 될 것이다.

위와 같이 선별 기준에 대한 강조하는 이유는, 공모전은 0 아니면 1인 냉혹한 세계이기 때문이다. 과정 자체에서 좋은 경험을 하는 것도 물론 중요하지만 결국 경쟁을 통해 선정작을 내게 되고, 여기에 선정되지 않으면 노력한 과정에 대한 가치가 평가 절하될 수밖에 없다. 그렇기 때문에 처음부터 무조건 메이저한 대회에만 출품한다는 생각보다는 스스로와 맞는 핏, 그리고 상대적으로 난도가 낮은 공모전에 출품하는 것을 추천한다.

내 경우에도 앞뒤 가리지 않고 많은 공모전에 출품한 적이 있는데, 처음 출품한 10개의 공모전에서 모두 무관으로 그쳤다. 이 탓에 동기 역시 굉장히 떨어졌던 기억이 있다. 이후 작은 대회에서 1차례 수상하고, 해당 대회에서의 결과를 바탕으로 자기 피드백과 자가 동기부여를 거듭한 결과 대학생활 중 대략 50차례의 수상 성과를 이뤄낼 수 있었다.

물론 공모전의 결과가 수상에서만 그치는 것은 아니다. 나는 공모전 수상 결과를 바탕으로 정부의 예비창업패키지 지원을 받아 사업에 도전해 보기도, 정책 공모전에서 제안한 정책이 실제로 국정에 반영되어 보건 사각지대 취약 계층에 대한 개선이 이루어지기도 했다. 그러한 결과들이 모여 지금은 공중보건에 이바지하는 대한공중보건의사협의회 의회장이자, 통일부 장관 직속의 2030 자문단 소속으로 더욱 연속성 있는 아이디어와 기획을 시도해 볼 기회가 주어지기도 했다.

더 나아가, 창업이나 연구의 방식으로 아이디어를 실현해 나갈 수도 있다. 그러한 의미에서 공모전은 대학생으로서 가장 쉽게 접근할 수 있고 가장 강력하게 자신의 커리어를 제시할 수 있는 수단이다. 이제부터는 실제 사례에 입각한 공모전 지원 방법에 대해 알아보자.

| 필승전략:
어떤 결과물이 공모전에서 수상하는가

자신에게 중요하다고 생각하는 기준에 따라 지원할 공모전을 선택했다면, 공모전이 개최되는 취지를 파악하는 것이 중요하다. 이전 수상 사례를 통해 공모전이 요구하는 방향성을 알 수도 있을 것이다. 공모전은 기본적으로 기관들이 아이디어를 '아웃소싱' 하는 곳이기에 바라는 방향성이 정해져 있는 경우가 많다. 내가 아무리 글을 잘 쓰고 독창적인 아이디어를 내도 방향성에 부합하지 못하면 헛된 노력이 될 수 있다.

예를 들면, 공모전이 현재 시류(AI, 오픈이노베이션)를 해당 산업에 적용할 수 있는 아이디어 중심의 결과물을 원하는지, 아니면 말 그대로 바로 적용하여 상황을 개선할 수 있는 결과물을 원하는지를 파악해 봐야 한다. 다음으로 공모전이 요구로 하는 분량에서 성격을 파악하자. 만약 분량이 짧은 편이라면 말 그대로 임팩트 있는 아이디어를 위주로 심사하고, 이후에 진행되는 면접 등에서 자세한 내용들을 물어볼 가능성이 높다. 만약 분량이 긴 편이라면 이는 말 그대로 '리서치 외주'에 가까운 성격일 가능성이 높다.

사용할 수 있는 실제 수상 사례를 함께 보자. 이는 제3회 대한민국 청년정책경진대회에서 보건복지부 장관상을 수상했던 필자의 실제 공모전 제안서이다. 당시 공모전의 주제는 '청년의 건강 증진을 위한 청년 건강 정책'이었다. 해당 제안서는 현황 및 문제점, 정책 제안, 그리고 정책에 대한 기대효과를 기술하게 되어 있었으며, 분량에 대한 제한은 '없었다'. 따라서 나는 분량을 설정하는 것에서부터 시작했다. 분량 제한이 없다는 점에서 논리구조와 근거가 뒷받침되지 않고는 수상하기 어려울 것으로 판단하여 5페이지 수준으로 작성하겠다고 생각하였다. 물론 2차로 PT 발표가 있었던 만큼 임팩트 있는 아이디어로 더 짧게 1차 글을 쓸 수도 있었고, 분량 제한이 없기에 소논문의 형태로 양을 늘릴 수도 있었을 것이다. 이는 모두 공모전에 임하는 개인의 선택이다. 나는 해당 공모전에서 '국가와 청년이 함께 하는 건강 관리'라는 주제로 법령 개정에 대해 논하고자 했다.

보고서 작성에 앞서 자료 찾는 법에 대해 간단히 설명하고자 한다. 국가기관과 통계청, 그리고 많은 민간기관에서는 사회 현안에 대한 리포트와 데이터 분석 결과를 발간하며, 많은 학회에서 논문을 낸다. 자료를 찾을 때는 'PDF 및 기타 확장자' 등의 형태로 찾는 것이 좋다. 구글에서 해당 확장자를 입력하는 것만으로도 기사나 짧은 글을 소개하는 것이 아니라, 양질의 발간 자료를 검색 상단에 제시해 주기 때문이다. 개괄적인 내용을 파악한 후로는 구체적인 부분에서 아이디어를 찾고 다시 이에 대한 근거를 찾아야 한다. 가급적이면 가장 최근에 발간된 리포트를 중심으로 하되, 발간 시기가 비슷하면 내용이 더욱 충실하게 조사되어 있는 리포트를 참조하는 것이 좋을 것이다

이후에는, 글을 체계적으로 구조화하는 것이 중요하다. 물론 작성해야 하는 글의 형태가 정해져 있는 경우도 있지만 많은 공모전에서는 '자유 양식'이라는 조건을 달아 작성자의 자율에 맡기는 경우가 많다. 건강 관리의 측면에서 나는 1인 가구와 건강검진 소외계층에 대한 이야기를 하고자 했고, 다음의 순서로 구조화를 진행하게 되었다.

서론

1인 가구 현황 – 1인 가구에서 발생하는 문제점

1인 가구의 현황에서는 청년의 구성비율이 높다는 특징을 잡아내고, 문제점으로 만성질환과 비만 유병률에 주목하였다. 서론의 주제는 청년층에서 관리되지 못하고 있는 만성질환과 비만이었다.

본론

국가검진의 사각지대 – 기존 건강 관리 제도의 한계 – 관계 법령 정비 – 향후 정책 방향성 정비

당시 19~39세 사이의 청년 중 지역 세대주가 아니거나 취업을 하지 못한 구직자는 국가검진을 받을 수 없다는 사실에 주목하였다. 이미 건강 관리센터와 같이 예방적 측면에서 청년들의 질병 인지율 및 관리도를 높일 수 있는 수단이 존재하지만, 청년이 대상이 아닌 경우가 많아 한계가 있다는 사실 또한 주목하였다. 이에 따라, 국민건강보험법과 그의 시행령, 지역보건법을 중심으로

한 진단 이후의 청년 건강 관리를 위한 관계 법령을 신설 및 개정하여 제안하였다. 마지막으로, 지방자치단체와 해외의 사례를 참고하여 정책을 벤치마킹 하고 정부 단위에서 설계한 후, 필요 예산과 지출 배분에 대하여 논하였다.

결론 및 기대효과

결론과 기대효과는 전반적으로 글을 매듭짓는 역할을 해주는 방향으로 작성하되, 마지막 기대효과의 경우 당시 디지털 헬스케어 영역에서 화두였던 주제를 도입하여 임팩트 있게 글을 마무리하였다. 만성질환 관리를 국가에서 진행하며 발생하는 환자 유래 건강데이터(PGHD, Patient Generated Health Data)를 바탕으로, 정책의 미래 지향성에 대해 이야기하고자 하였다.

물론 수많은 공모전 사이에서 이 사례는 굉장히 한정적인 역할만을 할 수 있을 것이다. 그럼에도 불구하고 '글'을 위주로 작성되는 공모전에 대한 진입 방법과 작성 프레임, 그리고 강조할 내용 등을 잘 생각해 보면 본인의 공모전에도 활용될 수 있는 부분이 있을 것이다. 남들을 대신하여 '브레인'의 역할을 하는 과정 속에서 스스로의 논리구조를 쌓을 수 있다는 점, 그리고 짧은 시간 내에 많은 것들을 배울 수 있다는 점에서 공모전은 수상 여부를 차치하고서라도 상당히 매력적인 분야이다. 이러한 공모전의 특성은 의대생이었던 내가 전혀 다른 산업에 관심을 가지고 진로를 확장한 계기가 되기도 하였다.

대학생활: 틀에 박힐 필요는 없어

● 김서환

| 좋은 학점이 졸업 후
좋은 진로를 보장하지 않는다

　대학은 고등학교와 다르다. 고등학생 때는 공부를 열심히 하여 좋은 성적을 받으면 원하는 대학을 갈 확률이 높아진다. 노력한 만큼 원하는 것을 얻을 가능성이 커지는 것이다. 하지만 대학은 그렇지 않다. 대학교에서는 단순히 좋은 성적을 거둔다고 해서 내가 만족할 만한 직업을 갖고, 더 많은 부를 약속받는 것은 아니다. 학점을 잘 받는다고 성공한 스타트업 CEO가 되는 것도, 유명한 인플루언서가 되는 것도, 돈을 많이 벌게 되는 것도 아니다.

중요한 것은 내가 원하는 것이 무엇인지를 정확히 알고 시작하는 것이다. 만약 로스쿨에 진학해서 훌륭한 변호사가 되거나, 전공이 마음에 들어 대학원에 진학하여 교수가 되는 것이 목표라면 좋은 학점을 받는 것이 중요하다. 또한 해외 유수의 대학에 교환학생으로 선발되는 것 또는 장학금을 받는 것이 목표라면 학교 수업을 잘 듣고 따라가는 것이 중요하다. 내가 원하는 국가, 학교로 교환학생을 가고 교내외 장학금을 받기 위해서는 좋은 학점이 중요한 기준이 되기 때문이다.

하지만 내가 선택한 꿈이 전공과 전혀 맞지 않는다면 어떨까? 그렇다면 성적 관리는 필수가 아니다. A+를 받는 게 아니라 C-를 받는 게 오히려 더 나은 선택이 될 수 있다는 이야기다. 내 전공은 농업자원경제학이었다. 고등학생 시절 경제학과 수학, 영어, 프랑스어에 관심이 많았기 때문에 OECD와 같은 국제기구에서 일하며 개발도상국에서 유용한 경제정책을 펼치는 전문가가 되고 싶었다.

하지만 막상 대학생활을 하면서는 세계적인 셰프가 되고 싶다는 꿈이 생겼다. 그렇다면 '농경제계량분석'이나 '농산업경영학' 같은 수업이 세계적인 셰프가 되는 데 도움이 될까? 그래서 나는 셰프가 되기로 결심했을 때부터 '제대로' 학점 관리를 하기 시작했다. 목표는 ① 졸업 후 프랑스 요리 유학을 떠나기 전 파리로 교환학생 가서 살아보기 ② 학사 경고를 받지 않고 무사히 졸업하기였다. 많은 사람이 알고 있는 것과는 전혀 다른 '학점 관리'를 하게 된 것이다.

교환학생을 위해서는 학점을 잘 받는 것이 중요하다. 그래야 원하는 학교를 골라서 갈 수 있고, 교내외 장학금을 받을 수 있기 때문이다. 나 역시 교환학생으로 선발되기 전까지는 최대한 좋은 학점을 받고자 노력했고, 덕분에 교내 장학금까지 받아 항공료 부담 없이 프랑스로 떠날 수 있었다. 그리고 교환학생을 다녀온 이후에는 졸업 후 프랑스 유학을 가기 위해 과외를 20개씩 하며 요리 공부를 했다. 교환학생을 다녀온 후의 학점은 어땠을까? 따라가기 힘든 전공 수업의 경우 교수님들을 찾아가 진로 계획에 대해 진지하게 이야기하며 양해를 구했고, F를 받지 않는 선까지만 공부했다. 전공 공부보다는 유학비를 벌고 프랑스어와 요리를 공부하는 것이 내 꿈에 더 도움이 됐기 때문이다. 교수님들의 격려와 나만의 학점 관리 덕분에 나는 학업을 이어가며 유학비를 벌고, 요리 공부를 하며 큰 문제 없이 졸업할 수 있었다. 객관적으로 보면 내 학점은 형편없는 수준이지만 '전략적인 학점 관리'를 통해 내 진로에 맞는 대학생활을 할 수 있었다.

하지만 내 경우와 달리 특별한 꿈이 없고 진로에 대한 확신이 없다면 최대한 학점을 잘 받기를 권한다. 학점이라도 챙겨놓으면 다양한 길이 생기기 때문이다. 좋은 학점을 받으면 대기업, 공기업 등 다양한 취업 시장에서의 기회가 더 많으며 재학 중에도 다양한 인턴십 기회가 생길 확률이 높다. 어중간한 성적이 무언가를 책임져 주지는 않지만, 그마저도 없다면 진로 선택의 길이 좁아진다. 그러니 진로에 대해 진지하게 생각하고, 아직 답을 찾지 못했다면 자신의 꿈을 찾는 한편 학업이라도 열심히 하는 것을 권한다.

| 정말로 하고 싶었던 걸 해봐라

대학생활의 가장 큰 장점은 '자유'가 아닐까. 대부분 대학은 4년제이지만, 사실 4년 만에 졸업할 필요는 없다. 내가 원할 때 휴학을 할 수도, 더 오래 다닐 수도 있기에 5~6년씩 다니는 이들도 많다. 또 내가 정말로 원하는 것을 해볼 수 있다.

같은 과의 한 선배는 게임을 정말 좋아했다. 단순히 게임을 하는 것을 넘어 분석적으로 게임에 접근해 레벨과 등급을 올리기 위해 노력했다. 그 선배는 친구들과 게임을 즐기기도 했지만, 교내외 대회에 참가하기도 했으며 그 경험을 살려 게임 업계에 취직해 덕업일치를 이뤄냈다. 프로그래밍은 전혀 할 줄 몰랐지만 전략적으로 게임에 접근하던 경험이 있었기 때문에 새로 출시하는 게임의 보상, 난이도, 인터페이스 등 다양한 부분에 있어 피드백을 줄 수 있었다. 그 덕분에 남들보다 취직은 조금 늦었지만 빠르게 승진하며 행복한 회사 생활을 할 수 있었다.

나는 취미로 요리를 시작했다. 당시 「냉장고를 부탁해」, 「집밥 백선생」 등 쿡방이 열풍이었던 때라 다양한 프로그램을 보며 조금씩 요리에 재미를 붙였다. 그러다 장비에 욕심이 생겨 오븐을 구매해 베이킹도 해보고, 친구들을 초대해 마카롱, 케이크, 파스타 등을 가르치는 쿠킹 클래스를 열기도 했다. 학기가 끝날 때면 20명이 넘는 동기들과 종강 파티 음식을 준비했다. 그렇게 소꿉장난처럼 취미로 시작했던 요리인데, 지금은 세계적으로 유명한 파리의 미슐랭 3스타 레스토랑들에서 일하며 경력을 쌓고 있다.

우리가 대학생활 중에 해본 작은 것이 미래를 결정할 수도 있다. 그 작은 것은 학점과는 전혀 상관이 없는 무언가일 수 있다. 취미든, 봉사 활동이든, 새로운 사람을 만나는 것이든 우리의 진로를 결정할 것이 무엇인지는 알 수 없다. 그러니 가능성을 열어두고 다양한 시도를 해보길 바란다. 누군가에게는 시간 낭비, 에너지 낭비처럼 보일 수도 있는 일이 당신의 꿈이 될 수도 있다.

| 다양한 수업을 들어봐라

대학생활의 가장 큰 장점 중 하나는 다양한 교양 및 전공 과목을 들어볼 수 있다는 것이다. 그것도 해당 분야의 전문가인 교수에게 말이다. 졸업 후에는 이러한 강의를 들을 기회도 없을뿐더러, 있다고 하더라도 깊이가 얕으며 수업료 또한 더 비싸다.

　대학생일 때는 단순히 친구들이 듣는 수업을 듣거나 전공 학점을 채우기 위해 수업을 선택하는 경우가 많았다. 혹은 학점을 잘 준다는 일명 '꿀강'만 찾아 들으려고 했다. 하지만 졸업하고 나서 생각해 보면 전공과 무관한 과목이 더 기억에 남는다. 내 전공은 경제학이었지만, 종교학과의 '명상과 수행'이라는 과목을 수강하며 종교에 대해 다각화된 시선을 갖고 내 삶에 대해 생각해 볼 수 있었다. 미대의 '한국미술사입문' 수업을 들으면서는 예술 작품을 바라보는 방법과 내 나름의 해석을 하는 방법을 배웠으며 음대의 '음악과 사회' 수업을 수강하면서는 단순히 음악을 듣는 게 아니라 그 이면에 담긴 의미와 해석을 생각하며 감상하는 법을 배웠다. 하루는 유명한 오디션 프로그램에 참가했던 싱어송라이터가 찾아와 작곡하는 법에 대해 강의한 적이 있었다. 나는 이걸 단순히 '음악 작곡'에만 국한해서 생각하지 않고 '창작 방법'으로 받아들여 아직도 요리 레시피를 만드는 데 적용하곤 한다.

　이러한 수업들을 들으며 A+를 받지는 못했지만, 나와 전혀 상관없는 분야와 세계를 알게 되어 굉장히 흥미로웠고 교양을 쌓을 수 있었다. 대학을 졸업하게 되면 이런 기회는 현저히 적어진다. 창업이나 취직을 하게 되면 자기와 관련된 분야를 공부하기에도 시간이 부족하다. 자립한다면 재테크, 세금, 경조사, 인간관계 등 챙겨야 할 것도 더 많아진다. 그렇기 때문에 기회가 있을 대학 시절에 다양한 수업을 들으며 교양을 쌓고, 나와 더 맞는 분야를 알아가는 것이 중요하다고 생각한다.

대학생활 사용설명서 (심화 편)

과외:
시간의 가성비 높이기

● 이성환

대학생의 꽃 중 하나는 '과외'라고 생각한다. 과외는 대학 진학을 위해 노력했던 학업을 오롯이 활용할 수 있는 것은 물론, 큰 만족감도 느낄 수 있다. 무엇보다 일반적인 아르바이트보다 시급이 높아 노동 시간을 줄일 수 있을뿐더러 대학생으로서 학습, 가치관 발달에 시간을 더 투자할 수 있는 기회를 만들어 준다.

반대로, 과외는 관련 경험이 없거나 학생을 이끌어 본 경험이 없다면 힘들게 느껴질 수도 있다. 학부모나 학생의 요구에 대처하기 어려울 수 있고, 한 달 단위로 연장되는 '비정규직'에 대한 부담을 느낄 수도 있다. 그렇기에 과외를 할 때의 마음가짐과 방법, 그리고 궁극적으로는 자신의 시간당 가치를 높이는 것에 대한 이야기를 해볼 필요가 있다.

우선 학부모와 학생이 '과외를 택하는 이유'에 대한 고민을 해보자. 분명 더 높은 퀄리티의 강의를 들을 수 있는 방법이 많을 것이다. 동네에서 조금만 나가도 학교별로 특화하여 커리큘럼을 제공하는 수준 높은 학원들이 있고, 대치동이나 유성구처럼 교육 특구라 불리는 곳은 전국구 수준의 강의를 현강으로 매일 제공한다. 심지어는 해당 교육들은 오프라인뿐만 아니라 온라인으로도 제공하고 있다.

그렇다고 이러한 콘텐츠들의 가격이 비싼가? 사교육계에서는 최근 출혈 경쟁이 가속화됨에 따라 수준 높은 인강을 굉장히 저렴한 가격으로 들을 수 있다. '프리패스'라는 개념을 도입하여 개별 단과가 아닌 모든 강의를 원하는 만큼 자유롭게 들을 수도 있다. 서울의 경우 '서울런'이라는 플랫폼을 제공하기도 한다. 공적 영역에서조차 유수의 학원들과 계약하여 학생들이 저렴한 가격으로 인강을 들을 수 있도록 지원을 하는 것이다.

그럼에도 과외를 선택하는 것은 '킬러 콘텐츠'뿐만 아니라 기존의 사교육과 차별화되는 지점이 있기 때문이다. 그 지점은 ① 학생의 멘탈 관리 및 고민 상담 ② 동기부여 ③ 학습 노하우 및 맞춤형 질문 ④ 입시 정도가 될 것이다.

이전에 비해 과외를 구할 방법은 상당히 다양해졌다. 아파트에 전단지를 돌리는 전통적인 방법부터 중개사이트, 학원 조교 등까지 있다. 심지어 요즘은 학생과 선생님을 매칭해 주는 설탭, 밀당PT와 같은 플랫폼도 있다. 각 방법의 장단점은 뚜렷하다. 아파트에 전단지를 붙인다면 처음부터 끝까지 혼자 진행해야 한다는 부담이 있다. 전단지를 만드는 데도 시간이 걸리고, 소정의 홍보 비용도 들 것이다. 다만, 과외를 구하는 데 성공한다면 가까운 아파트 단지에서 과외를 진행하는 만큼 시급은 높다.

김과외와 같은 중개사이트를 이용하는 경우 수수료로 첫 달 과외비의 25% 정도를 내야 한다. 또한, 상당히 많은 과외 선생님들 사이에서 선택받기 위해서는 나만의 가지고 있는 강점을 구체적으로 어필해야 한다. 하지만 자신의 프로필을 온라인으로 업로드하는 것이 상대적으로 수월하며, 인기가 있는 강사의 경우 막대한 수익을 내기도 한다.

학원에서 조교를 하면서 학생들의 과외를 받는 경우는 상대적으로 학생들과의 노출 빈도가 높고, 자연스럽게 친밀감을 쌓을 수 있다는 점에서 긍정적이다. 하지만 조교의 경우 상대적으로 시급이 낮은 편이고 시간 부담도 크다.

마지막으로 설탭과 같이 전문적이며 선생님 관리까지 잘해주는 업체를 찾을 수도 있을 것이다. 이 경우 과외를 구하는 것 자체는 굉장히 쉬우나, 학생의 피드백이 회사로 전달되어 반영되는 만큼 긴장도가 높고, 수수료 비율이 굉장히 높아 시급이 낮다는 점이 아쉽다. 또한, 설탭과 같은 매칭 프로그램에서는 학력이나 전공 등 특정 조건을 요구하는 경우가 있다는 것도 알아두어야 한다.

그렇다면 시간당 가치는 어떻게 높일 수 있을까. 가장 중요한 것은 결국 학생이 '만족'함으로써 본인이 학생에게 '대체 불가능한 사람'이 되는 것이다. 그리고 그러한 부분을 실제로 급여를 지급하는 부모님께 '당당하게' 보여주면 된다. 학생의 만족을 이끌어 낼 수 있는 부분은 '공부'보다도 한 명의 사람으로서 학생을 파악하는 지점에 있다. 학생에 따라 무한한 응원을 원할 수도, 엄할 땐 엄하고 즐거울 땐 즐거운 것을 선호할 수도 있다. 학생이 어떠한 스타일을 지니고 있는지를 정확하게 알아가는 것이 가장 중요하다.

과외를 할 때 학생이 효율적으로 학습할 수 있도록 돕는 것도 중요하지만, 어쩌면 그 이상으로 학생이 공부할 수 있는 '상태'인지 확인하는 것이 중요하다. 그렇기에 학생과 카페에서 시간을 보내거나, 학습 외적 지도를 해주는 것이 좋다. 이러한 부분에서 학생이 큰 '만족감'을 느끼기 때문이다.

그렇다면 '대체 불가능한 지점'은 무엇이 될까. 필자의 경우 진로 상담과 생활기록부 관리, 자기소개서 작성에서 도움을 준 것이 가장 주효했다. 생활기록부나 자기소개서 작성과 관련된 사교육 업체들은 굉장히 비싼 가격과 전체 커리큘럼 구매를 요구하는 경우가 많다. 이로 인한 연간 지출은 적게는 200만 원, 많게는 500만 원에 달하며 시간당 10만 원 이상의 지출이 이어지는 경우도 많았다. 하지만 대학생 역시 이러한 컨설팅이 가능하며, 특히 아이가 나와 동일 계열을 지망하고 있다면 더욱 쉽다. 나의 사례뿐만 아니라 동기들의 사례를 아이에게 제공해 주는 것만 해도 이미 대체 불가능한 사람이 되어 있을 것이다. 이는 극도로 심각한 사교육의 정보 비대칭성에서 비롯된다. 이러한 비대칭을 해소할 수 있는 과외 선생님이라면 마다할 이유가 없다.

물론 그럼에도 가장 중요한 것은 성적 향상과 공부에 대한 태도 변화이다. 성적도 제대로 나오지 않는데 아이가 공부에 대한 열정을 잃고 선생님만을 좋아한다면 이는 아이와 선생님 모두에게 비극이다. 단기적으로는 한 개 이상의 요소, 장기적으로는 두 개의 요소를 모두 잡는 것이 매우 중요하다.

태도를 개선하기 위해서는 학생을 완전히 이해하는 것이 중요하다. 지금 공부에 대한 태도를 형성한 과거의 가장 큰 이벤트가 무엇인지, 앞으로는 학생이 어떠한 부분에서 동기부여를 받을 수 있는지를 알거나 제시해 주어야 한다. 여담이지만, 나의 경우에는 과외를 할 때 내가 정신건강의학과 의사라고 생각하고 임했던 적이 많은 것 같다. 피상적으로 이야기하는 이유들 속에는 부모님의 기대와 친구들과의 경쟁, 교우 관계와 스스로에 대한 고민 등 심층적인 이유들이 숨어 있다. 공부만을 가르치는 관계를 넘어 말 그대로 가장 친한 친구이자 멘토가 되면 굉장히 긍정적인 방향에서 '대체 불가능한 사람'이 된다.

물론 이렇게 사람으로 학생을 이해하기 처음에는 어려울 수도 있다. 그럼에도 학생들은 과외 선생님을 보면서 그 자체로 동기를 부여받을 수 있다. 이미 대입이라는 산을 넘어선 위치이면서도, 학원 선생님과는 다르게 나이 차이도 많이 나지 않는 과외 선생님은, 학생의 가장 가까운 우상이 될 수 있다. 마냥 멀어 보였던 대입을 가까이서 볼 수 있게 되면, 자연스레 동기부여를 받는 것이다. 그러니 학생을 대하는 태도와 행동에 대해서는 항상 조심하고 유념하자.

성적 향상과 태도 변화가 모두 확보되었다면 부모님께 시급 인상에 대한 이야기를 꺼내보자. 갑작스럽게 다음 달부터 얼마로 올리겠다는 이야기를 하는 것보다는 2주에서 3주 정도 전에 자신이 시급을 더 받을 수밖에 없는 이유에 대해 어필하는 것이 좋다. 학습 외적으로 하는 컨설팅 업무나 아이 상담 등의 부가가치가 저평가되어 있다는 점을 알리고 본인이 직접 만들어서 제공하는 자료가 있다면 그러한 부분들도 어필할 수 있다. 그 외에도 특장점으로 가진

부분들을 망설이지 않고 당당하게 이야기하라. 사회 경험이 없기 때문에 스스로의 가치를 너무 할인해서 제공하는 경우가 많다. 본인의 시간에 대한 가치를 제대로 인정받을 수 있길 바란다.

과외로 나의 가치를 올렸다면 확보한 시간을 나의 성장과 사회환원에 재투자한다면 나의 성장에도 긍정적인 영향을 미칠 것이다. 가장 좋은 방법 중 하나는 '교육봉사'이다. 나 또한 대학 시절 550시간이 넘는 봉사 활동을 진행한 바 있다. 저소득층 또는 한 부모 아이들을 대상으로 무료 과외를 한 적도 있고, 해외에서 학교를 짓는 등 교육 환경 개선을 위한 노력을 하기도 했다. 시각장애인 학생들이 책을 읽을 수 있도록 타이핑 작업을 한 적도 있으며 외국인 학생들을 대상으로 한글을 가르치기도 했다. 이렇게 다양한 환경에 있는 학생들을 만나면서 그들이 가진 본질적인 문제를 인식하고, 단순히 학습 방법을 제시하는 것을 넘어 방향성을 잡아줄 수 있는 능력을 갖추게 되었다.

지금 돌아보면 대학생에게는 많은 시간과 가능성이 있지만 그 시간을 효율적으로 활용하는 법을 몰라 무의미하거나 반복적인 업무로 이를 낭비하는 것 같다. 그렇다면, '멋진 과외 선생님'이 되어 경제적 독립은 물론 나의 시간을 필요로 하는 이들에게 봉사해 보는 것은 어떨까?

교환학생:
우물 밖 개구리 되기

● 김서환

대학생의 특권 중 하나는 교환학생이 아닐까. 교환학생은 대학생활의 꽃이라고도 할 수 있다. 5~6개월 동안 해외에서 생활하면서 다양한 것들을 즐길 기회는 평생 없기 때문이다. 또 단순 여행이 아니라 해외에 머물며 그 지역 사람들과 어울리면서 산다는 건 그 무엇과도 바꿀 수 없는 소중한 경험이다.

| 교환학생 준비

누구나 교환학생을 갈 수 있다면 좋겠지만, 학교별로 학생들을 보낼 수 있는 국가 및 보낼 수 있는 학생 수는 제한적이다. 학점과

지원동기서로 학생들을 선별하기 때문에 교환학생을 가고 싶다면 학점 관리는 필수다. 하지만 영어권 국가가 아닌, 유럽이나 아시아, 중동 지역 국가의 경우 해당 국가의 언어를 구사할 줄 알아야 하기에 학점 커트라인이 낮다. 영어 외의 언어를 구사할 줄 안다면 이러한 점을 활용해 경쟁률이 낮은 국가로 지원해 보는 걸 추천한다.

또한 교환학생 모집 공고의 경우 보통 6개월에서 1년 전에 올라온다. 교환학생 지원에 필요한 어학 성적을 받아놓는 등 자격 요건을 미리 숙지해 관련 계획을 세워놓기를 바란다.

| 합격 후 출국 준비

교환학생으로 선발되었다면 본격적인 준비를 해야 한다. 해외에 나가기 위해서는 지금껏 우리가 당연하게 여기던 것을 일일이 찾아서 점검해야 한다. 가장 먼저 체크해야 할 것은 바로 '비자'이다. 단순히 해외에 1~2개월 머무는 것이 아닌 최소 5~6개월 머물기 때문에 파견 국가에 대한 비자 신청이 필수이다. 절차가 간단하여 몇 가지 서류를 제출하고 짧은 인터뷰만 진행하면 쉽게 비자를 받을 수 있는 경우도 있지만, 내가 갔던 프랑스의 경우에는 그렇지 않았다. 인터뷰만 2~3번 진행됐고, 문화원, 영사관을 거쳐 서류도 여러 번 제출해야 했다. 팁을 주자면, 인터넷에 'ㅇㅇㅇ(국가명) 교환학생 후기'라고 검색하면 관련 정보를 쉽게 찾을 수 있기 때문에 이를 참고하여 준비하면 문제없이 해결할 수 있다.

여기서 끝이 아니다. 더 점검해야 할 것이 남아 있다. 우리가 쉽게 쓰던 핸드폰은 해당 국가의 통신사를 통해 유심을 구입한 후 개통을 해야 한다. 또 교환학생에게도 보조금을 주는 국가인 경우(ex. 프랑스는 교환학생에게도 주거보조금을 지원해 준다) 은행 계좌를 열어야 하는데, 그 절차가 한국에서처럼 마냥 쉽지는 않다. 학교에서 기숙사를 제공하지 않아 직접 숙소를 구해야 하는 경우 집을 보지도 않고 한국에서 계약하거나, 직접 해외로 가야 하는 경우도 있다. 어느 쪽이든 이미 다녀온 학교 지인이나, 해당 국가 한인 커뮤니티를 통해 도움을 받기를 바란다(하지만 한인 커뮤니티의 경우, 익명의 힘을 빌려 사기행각을 벌이는 경우도 종종 일어나기 때문에 항상 조심해야 한다).

| 교환학생 관련 장학금

해외 교환학생을 적극 권하는 이유 중 하나는 교내외 장학금이 생각보다 많기 때문이다. 교내 장학금을 지원하는 건 기본이다. 그뿐만 아니라 '서울장학재단', 가장 많은 장학금을 주기로 유명한 '미래에셋박현주재단' 등에 적극적으로 지원하면 본인의 금전적 부담을 크게 줄이고 해외로 다녀올 수 있다. 교환학생을 가게 될 경우

일반적으로 현재 재학 중인 학교에 등록금을 내고 가는데, 이러한 장학금의 경우 등록금을 감면을 해주기도 하지만 생활비를 지원해 주기도 하니 잘 알아보길 바란다.

이렇게 장학금을 받게 되는 경우 유럽의 경우 적게는 300만 원에서 1,000만 원 이상의 장학금을 받을 수도 있다. 그렇기 때문에 금전적인 부분을 막연히 걱정하기보다는 다방면으로 알아보고 준비하기를 바란다. 나의 경우 학점이 좋지 못해 많은 장학금을 받지 못했지만 교내 장학금을 적극 활용한 결과 350만 원을 받아 비행기 티켓 비용은 전혀 걱정하지 않아도 되었다.

| 내가 아는 세상이 전부가 아니다

많은 준비를 하고 떠났다면 이제는 한시름 놓고 즐겨도 된다. 학교에서 교환학생들을 위해 준비한 다양한 프로그램을 통해 다른 나라에서 온 교환학생 친구들을 사귀고, 현지 친구들과 어울릴 수 있다. 특히나 미국이나 유럽 쪽은 파티 문화가 발달해 있기에 이때는 많이 먹고, 많이 놀러 다니고, 많은 사람을 만나는 게 가장 많이 남는 일이다.

프랑스로 교환학생을 다녀온 이야기를 해보겠다. 한국에서는 행정 처리가 굉장히 빨라 늦어도 한 달 이내에 웬만한 문제는 모두 해결되고 결과를 받을 수 있다. 증명서를 받으려고 하더라도 가까운 구청에 가면 가족관계증명서는 즉시, 신분증은 늦어도 일주일 이내에 받을 수 있다. 우리는 이게 당연하다고 생각한다.

하지만 프랑스는 다르다. 비자를 받기 위해 관련 내용을 신고하더라도 빨라야 한 달, 늦으면 3~4달 뒤에야 답변을 받을 수 있다 (문제없이 받게 된다면 상관이 없지만 신청하고 문제가 있으면 또 답변을 받는 데 시간이 더 소요된다는 사실을 잊어서는 안 된다). 만일 아파트 엘리베이터가 고장 났다면 한 달은 넉넉히 기다려야 고쳐질 것이다. 은행 계좌를 열 때는 은행이 카드 비밀번호를 정해주는데 이걸 받는 데 최소 일주일이 걸린다. 우리나라의 국민건강보험공단과 비슷한 단체 혹은 주거보조금 담당 관공서에 메일을 보낸다면 답변을 받는 데 2~3주는 기본이다. 한국은 이 모든 게 순식간에 이루어지고, 일이 어떻게 처리되고 있는지도 알 수 있지만, 프랑스는 그렇지 않다. 하지만 이게 틀린 건 아니다. 프랑스인들은 이것을 당연하게 여기니까 말이다.

또 다른 문화적 차이는 바로 '절도'에 대한 경계심의 차이다. 인터넷이나 SNS에서 해외 사람들이 한국에 와 짐을 놓고 화장실을 가거나 자리를 비우는 걸 보고 경악하는 모습을 본 적이 있는가? 우리나라의 경우 카페에서 자리를 맡기 위해 본인의 짐을 올려놓고 주문을 하러 카운터로 간다. 프랑스에서 이런 행동을 하면 어떻게 될까? 화장실에서 돌아왔을 때 물건이 온전히 있을 확률은 높지 않다. 왜냐고? 거기서는 주인이 보이지 않는 물건은 내 것이기 때문이다. 주인이 보이지 않는다면 지갑이든, 핸드폰이든, 어떤 귀중품이든 자연스럽게 가져간다. 양심의 가책? 모두가 그렇게 하니 느끼지 못한다. 뒤늦게 경찰에 신고해 범인을 잡으려고 해도 우리나라처럼 곳곳에 CCTV가 있지 않기 때문에 현지인들조차 소매치기를 당하거나 물건이 사라지면 보통 포기한다.

내가 없는 사이에 물건을 가져가는 경우는 사실 양반이다. 눈 뜨고 코 베이는 경우도 많기 때문이다. 일명 '소매치기'이다. 몰래 바지 혹은 가방에 손을 집어넣어 지갑이나 귀중품을 가져가는 경우도 있지만, 핸드폰을 보고 있는 상황에서 이를 채가는 경우도 있다. 심한 경우 강도를 당하기도 한다. 더 웃긴 것은 외국인 관광객만 당하는 게 아니라는 사실이다. 나는 지하철을 타고 가는 중 내 2m 앞에서 현지인이 핸드폰을 도둑맞는 장면을 직접 보기도 했다. 그렇기 때문에 프랑스에서는 항상 소지품 관리를 잘해야 한다. 우리나라에서 당연하던 것이 여기서는 손해를 자초하는 행동이 될 수도 있으니 주의하자.

프랑스의 나쁜 점만 나열한 것 같은데, 물론 좋은 점도 많다. 프랑스에서 가장 좋은 건 서로 인사를 한다는 것이다. 심지어 모르는 사람과도 눈을 마주치면 인사를 한다. "Bonjour(봉쥬르)"라면서 아침 인사를 하는 경우도 있고 자주 마주칠 때는 가볍게 "잘 지내냐"라며 안부를 묻는다. 일면식이 없는 사람들끼리도 말이다. 또 친한 친구나 아는 사람들을 만났을 때는 모든 사람에게 각각 인사를 한다. 단순히 "안녕" 하고 끝나는 게 아니라 각각의 사람에게 인사를 하며 안부를 묻고, 친근한 사이에는 Bisous(비쥬, 볼 뽀뽀)를 하며 친근감을 표시한다. 한국에서는 모르는 사람에게 인사를 하기가 애매해 굉장히 뻘쭘하게 있는 경우가 많은데 이곳은 다르다.

프랑스에서는 남들과 다른 게 틀린 게 아니다. 한국의 경우 '정해진 게' 있다. 대학은 어디를 가야 좋고, 어디에 살아야 부자고, 결혼은 언제까지 해야 늦지 않고, 아이들 교육은 어떻게 해야 하는지 등. 모든 것에 정해진 틀이 있어 끊임없이 비교하고 서열화하고 경쟁한다. 그리고 우리는 이를 너무나도 당연하게 여기는 경향이 있다. 하지만 프랑스는 다르다. 우리가 프랑스인 하면 보통 곱슬머리 금발에 하얀 피부, 파란색 눈동자를 생각하는 경우가 많지만 사실 그렇지 않다. 파리의 북쪽은 유색인종이 훨씬 많으며 남동쪽은 차이나타운이 형성되어 있어 아시아 국가 혈통을 가진 사람들이 많이 산다. 모두가 프랑스어를 쓰기는 하지만, 자신들의 뿌리가 되는 언어 역시 많이 사용되며, 먹는 것, 입는 것도 다양하다. 물론 프랑스에도 남들이 평가할 때 흔히 말하는 '좋은 학교', '좋은 동네'가 있기는 하지만, 이곳에 살지 않는다고 해서 쉽게 남을 깎아내리거나 하찮게 보지는 않는다. 왜냐하면 모두가 근본적으로 다르기 때문이다. 단순히 하나의 잣대로 비교를 하고 서열화할 수 없다고 생각한다. 그렇기 때문에 자유롭다.

| 한국이 좋더라

이러한 점들을 고려해 봤을 때 프랑스는 한국에서 타인과의 비교로 인해 스트레스를 많이 받았던 사람들에게 특히 살기 좋은 국가이다. 반대로 빠른 행정 처리, 안전한 치안 등 편안하고 안전한 삶을 누리는 것이 행복에 큰 영향을 미친다면 한국만 한 국가는 전 세계를 뒤져봐도 손에 꼽을 정도이다. 하지만 이건 살아봤을 때의 이야기다. 단순히 여행으로 어떠한 국가를 다녀간다면 짧은 시간 동안 좋은 것만 먹고 보고 가기 때문에 현실적인 이야기는 알기 쉽지 않다. 그렇기에 교환학생 프로그램을 통해 해외에서 살아보는 것을 적극 권유하는 것이다.

술 마시고 지하철에서 졸다가 핸드폰을 잃어버리고, 낮에 마트에서 살 걸 깜빡하고 못 사더라도 걱정할 필요가 없는 게 한국이다. 주인 없는 물건을 보면 주인을 찾아주려고 하는 한국인들의 국민성 덕분에 잃어버린 물건은 웬만하면 다시 다 찾을 수 있다. 또한 24시간 편의점이 언제나 열려 있기 때문에 웬만한 물건은 언제든지 구입할 수 있다. 세상 어느 국가에서도 이러한 편리함과 안전함을 누리기 힘들다. 하지만 우리는 이러한 사실을 당연하게 여기는 경향이 있다. 그렇기에 해외에 나가서 살아보지 않는다면 이에 대한 감사 및 행복을 느끼기란 거의 불가능하다.

  해외에 산다는 것은 그런 것이다. 우리가 당연하게만 여기던 것을 새로운 시각으로 바라보고, 고마움을 느끼기도 하고, 불편함을 느끼기도 한다. 어느 것이 좋다 나쁘다 할 수는 없지만 평생 우물 안 개구리처럼 편협한 상태로 사는 것보다는 새로운 시각으로 세상을 바라보고 이에 대해 다시 한번 생각할 수 있는 것만으로도 축복이라고 생각한다. 그렇기 때문에 해외 교환학생 프로그램을 적극 활용해 보길 권한다.

편입: 슬기로운 수험생활

● 김민수

편입에 관하여

◆ ◆ ◆

나는 군대에 가기 전까지 마치 창창한 미래가 보장된 것처럼 살았다. 앞날에 대한 걱정은 전혀 하지 않았고 시간이 지나면 저절로 취업도 할 것이라 생각했다. 그 시절 나는 스펙을 쌓기는 커녕 게임과 술자리에 열중했다. 그게 낭만이고 청춘인 줄 알았다. 말년 병장이 되고서야 '나 이제 나가면 진짜 뭐하지?'라는 생각이 들었다. 부유한 가정에서 태어난 것도 아니고, 지방 국립 대학의 1점대 학점, 언어 성적은 없음, 자격증이라고는 운전면허가 전부인 나. 이대로 사회에 나간다면 정말 보잘것없겠다는 생각이 들었다. 무작정 장사를 하고 싶다는 생각이 들었지만 밑천도, 빚을 내서 시작할 깡도 없었다.

복학 후 나는 학과 공부에 매진했고 앞선 '학점 관리'에서 말한 팁들을 적극 활용하여 3학기 연속 4.5점 만점을 받을 수 있었다. 1점대였던 내 학점은 재수강을 통해 4.3으로 바뀌며 어느새 학과 탑이 되어버렸다. 그리고 나니 이제는 진로를 고민해야 했다. 공무원, 대학원, 편입이라는 선택지 중 나는 편입을 선택했다. 그것도 전문직으로 갈 수 있는 약대 편입이었다. 부끄럽지만 당시의 나는 편입을 선택했음에도 편입이 무엇인지, 어떻게 해야 하는지조차 몰랐던 것 같다. 그런 나는 친구들에게 웃음거리가 되었다. 그러나 나는 약 2년의 시행착오 끝에 결국 합격했고 그로 인해 내 삶은 180도 달라졌다.

| 편입이란?

나는 현재 자신의 학벌에 만족하지 못하는 대학생들에게 '편입'이라는 제도를 적극 활용해 보라고 말하고 싶다. 재수나 반수도 좋지만 이와 결이 다른 시험인 편입도 존재한다. 편입은 각 대학 자체에서 학과에 따라 시험이나 면접, 어학 성적, 전적 대학 학점 등으로 학과 결원을 충원하는 방식을 말한다.

│ 내가 편입을 선택한 이유

편입은 진입장벽도, 경쟁률도 높다. 그럼에도 내가 편입에 대해 얘기하는 이유는 따로 있다. 후술할 몇 가지 이유로 인해 어떤 경우에는 수능보다 합격이 수월할 수 있기 때문이다.

편입 시험은 매년 경쟁률이 공개되고 상위권 대학과 인기 과들의 경우 매우 치열한 경쟁률을 보인다. 하지만 그렇다고 해서 그것이 '합격할 수 없음'을 의미하지는 않는다. 편입은 폭이 좁고 경향성도 매번 다르기에 시험을 치기 전까지는 어떤 학생이 합격할지 장담할 수 없다. 이는 장점이 될 수도, 단점이 될 수도 있다. 내가 공부한 부분에서 시험이나 면접 문제가 많이 나온다면 합격 확률이 올라가는 것이고 그와 반대의 경우에는 내년을 노려야 한다는 것이다. 단순히 운이 좋다고 해서 합격하는 것은 절대 아니니 오해하지 않길 바란다. 하지만 비슷한 과목을 보는 학교들의 전형 날짜를 잘 확인한 후 최대한 많은 학교에 복수 지원함으로써 준비를 열심히 하고도 불합격하는 불상사를 최소화할 수 있다.

또 하나 편입의 장점은 편입에 성공한다면 시간 손해 없이 바로 3학년(몇몇 의과대학은 예과 2학년으로 편입학)으로 진학할 수 있다는 것이다. 비록 한 번에 합격하지 못하더라도 시간 손해가 크지 않다. 이는 매우 큰 장점이다. 실제로 나는 25살 여름부터 편입을 준비하기 시작하여 28살에 입학했는데 고등학교 현역으로 합격한 학생들에 비하여 군 복무 기간 제외 4년 정도 차이가 날 뿐이었다. 수능 약대 입학생들의 평균 나이가 22~23살이니, 사실상 고작 2~3년 정도의 차이만 나는 것이었다. 시작은 남들보다 늦었지만 편입이라는 과정을 통해 그 차이가 최소화되었다. 이는 꽤나 구미가 당기는 제안일 것이다. 그러나 다음과 같은 단점도 절대 무시할 수 없으니 신중히 결정하자.

| 편입의 단점

편입의 가장 큰 단점은 통일된 체계 없이 각 대학에서 자체적으로 편입을 진행한다는 점이다. 학교마다, 심지어 학과마다 시험, 면접, 어학 성적 등의 평가 요소가 다르고 준비해야 하는 과목도 다르다. 같은 학교, 학과라도 매년 출제 경향성이 다르기에 어떤 식으로 준비해야 할지 갈피를 잡기 어렵다. 이 점이 편입에 대한 진입장벽을 크게 높이는 요소 중 하나이다. 각기 다른 준비 과정이 필요하기에 몇 가지 공통적인 과목으로만 평가하는 수능 시험과는 다르게 많은 혼란을 불러일으킨다. 성공한다면 시간을 최대한 아껴 원하는 학부로 갈 수 있지만, 이러한 단점도 있기에 섣불리 결정해서는 안 되는 전형이다.

두 번째는 경우에 따라 다르지만, 대부분의 편입학 정원은 학과 결원을 충원하는 방식이라는 점이다. 요즘 메디컬 열풍으로 재수 붐이 일어나고 있지만 학과 결원은 1년에 몇 명이 채 되지 않는다. 뽑는 인원 자체가 적다 보니 경쟁률이 높아 합격문이 매우 좁다. 수능이야 한두 문제 실수로 더 틀린다면 원래 목표보다 낮은 곳에 지원하면 되지만 편입은 그런 게 없다. 떨어지면 끝이다.

세 번째는 준비 비용이 많이 든다는 점이다. 정시, 수시모집처럼 일반적인 입학 과정이 아니기에 지원자도 적고 사교육 시장도 좁다. 또한, 편입 시험에서 보는 과목들은 주로 대학교 1, 2학년 과정의 과목들이기에 혼자 준비하는 것이 사실상 불가능하다. 어쩔 수 없이 인터넷 강의나 학원에 의존해야 하는데 수능 강의에 비해 퀄리티도 좋지 않을뿐더러 가격은 거의 5배 이상 비싸다. 그나마 저렴한 인터넷 강의라도 패키지는 최소 200만 원이고, 학원은 월 100만 원 정도로 생각하면 된다. 그러니 상황이 여의치 않으면 함부로 시작하기 어렵다.

이런 단점들로 인해 편입이 진입장벽이 높은 전형임은 분명하나, 그럼에도 누군가에게는 또 다른 기회가 될 수 있다.

| 합격을 위한 발걸음

편입에 성공하기 위하여 가장 먼저 해야 하는 일은 내가 원하는 대학과 학부를 나열하여 모든 편입학 모집 요강을 꼼꼼히 살펴보며 정리하는 일이다. 당해 연도 모집 요강은 고작 원서 접수 1~2개월 전에 공개되므로 전년도 모집 요강을 참고해야 한다. 해마다 모집 요강이 변경될 가능성은 있지만, 변경사항은 대부분 모집 요강 공개 5~6개월 전 여유롭게 공지되는 편이므로 전년도 모집 요강을 참고하여 정리자료를 만들고 당해 연도 모집 요강이 공개되었을 때 비교하여 확인하면 된다. 반드시 정리해야 하는 내용은 편입생 모집 여부, 지원 자격, 전형과 시험 과목, 어학 성적 요구 여부, 면접 등이다. 어렵다면 편입학 관련 인터넷 카페를 찾아보는 것도 방법이지만 간혹 잘못된 정보도 있으므로 직접 확인하는 것을 추천한다.

정리한 정보들을 토대로 계획을 세워 한 단계씩 밟아 나가면 된다. 지원 자격을 얻기 위해 몇 학점을 수료해야 하고, 선수 과목을 언제 수강할 것인지 결정한다. 나에게 맞는 전형에는 어떤 것이 있고 편입 시험에서 무슨 과목을 보는지를 확인하여 어떤 루트로 공부를 해야 하는지 파악한 후 틈틈이 공부해야 한다. 어학 성적이 필요하다면 본격적인 공부 전에 만들어 두는 것을 추천한다. 면접은 평소 논리적으로 설명해 보는 연습을 하되, 시험이 끝난 후에 준비해도 늦지 않다.

나는 무조건 편입을 추천하는 게 아니다. 이러한 방법도 있다는 것을 제시하는 것이다. 몇 줄의 간단한 문장으로 대략적인 편입 과정을 언급했지만, 실제 과정은 결코 간단하지 않다. 다음의 '수험생활에서 가져야 할 마음가짐'을 참고하여 본인의 상황에 맞게 판단해 원하는 목표를 이룰 수 있길 바란다.

수험생활에서 가져야 할 마음가짐

◆ ◆ ◆

나는 한참을 공부와 무관하게 지내다가 군대를 다녀온 후에야 뒤늦게 정신을 차려 약대 편입에 성공한 사람이다. 한 번에 합격하지 못했고 전국 1, 2등을 할 정도로 대단한 성적을 받은 것도 아니다. 내 방법대로 했을 때 반드시 합격한다는 보장 또한 하지 못한다. 따라서 합격을 위한 방법론이라기보다는 단지 수험생이 보았을 때 조금이나마 참고하면 좋다고 생각하는 것들을 풀어낸 것이다. 쉽게 말하자면 장기적인 싸움에서 초심을 잃지 않는 법이나 혹은 잃었을 때의 대처법 정도가 되겠다. 대부분의 시험에 적용될 수 있는 멘탈적인 부분에 대한 글을 쓰고자 한다.

| 수험생의 첫걸음,
  자기 인식에서 시작하자(지피지기 백전불태)

나와 상대를 알면 100번 싸워도 위태롭지 않다. 시험을 시작하기에 앞서 나에 대해 정확히 진단하는 과정이 꼭 있어야 한다. 지금껏 살아온 인생에서 제3자의 도움이 아닌, 오롯이 내가 무언가를 간절히 원하여 노력과 인내를 거듭한 끝에 이뤄본 적이 있는가? 만약 이와 같은 '성공의 기억'이 있다면 다음 챕터로 넘어가도 좋다. 없다면 우선 내가 누구인지를 정확히 알아야 한다. 주관은 배제하고 최대한 객관적으로 나를 판단하자.

우선 내가 엉덩이를 붙이고 3~4시간쯤은 거뜬히 앉아 있을 수 있는지를 생각해 보라. 어려울 것 같다면 목표를 재고해 보는 것이 좋다. 아직 합격에 대한 간절함이 충전되지 않았다는 의미이기 때문이다. 이제껏 그렇게 해본 적이 없어도 괜찮다. 이 정도의 각오만 있다면 수험생활을 시작하기에 충분하다.

그다음은 상대방(경쟁자들 또는 시험 그 자체)과 나의 실력을 비교하는 일인데, 이건 간단하다. 나는 남들보다 잘난 점이 없다고 생각하면 된다. 내가 다른 이들보다 학벌이 좋은가? 혹은 시험 과목 중 일부를 공부해 본 경험이 있는가? 그렇다고 해서 당신에게 이득 될 것은 없다. 결국 해야 하는 것은 합격이고 시험 앞에선 모두가 평등하다. 내가 모든 경쟁자 중에서 가장 부족한 실력을 갖고 있고 '이 시험은 내가 얕보아서는 안 되는 결코 만만치 않은 것'이라고 생각하는 것이 나태해지고 싶은 자기 합리화를 원천 차단하는 방법이다.

이제 나에 대한 진단은 끝났다.

| 노력에 간절함을 더하다

부디 노력이란 단어에 거부감을 느끼지 않길 바란다. 노력은 수험생활에 있어서 당연히 존재해야 한다. 그러나 사람마다 노력에 대한 기준치가 다르기 때문에 남들이 보기에 대단한 노력이 아님에도, 스스로는 정말 최선을 다하고 있다고 착각하기 쉽다. 내 기준에 노력을 다한다는 말은 세상 그 누구에게 물어봐도 '아, 저 사람이 합격하지 못한다면 말이 안 된다'라는 생각이 들게 하는 정도의 것이다.

누군가는 성공을 위해 필요한 것은 재능이라고 이야기한다. 물론 완전히 틀린 얘기는 아니다. 그러나 재능을 강조하면서 자신의 나태함을 합리화하는 것은 경계해야 한다. 노력은 유전적 요소와 환경적 요소 간 상호작용의 결과이다. 하지만 누구나 환경적 요소를 활용하여 유전적 한계를 극복하고 노력하는 능력을 기를 수 있다. 환경적인 요소를 활용하기 위해서는 개인적인 경험이 중요하다.

노력에서의 개인적 경험은 성공에 대한 의지와 간절함으로 말할 수 있다. 우리가 준비하는 대다수의 시험은 뛰어난 머리가 필요한 시험이 아니다. 옳은 방법으로 최대한 노력한다면 누구나 합격할 가능성이 있다. 결국 수험기간 동안 누가 더 많이, 옳게 공부했느냐가 합격을 판가름하는 것이다. 이때 간절함은 재능보다 큰 무기가 된다.

그렇다면 간절함은 어떻게 갖는가? 나는 현실을 직시하며 간절함을 얻었다. 내가 이 시험에 통과하지 못한 이후의 삶이 보장되어 있는가? 부모를 잘 만나 취업에 대한 걱정이 전혀 없는가? 만약 삶이 탄탄대로였다면 애초에 노력이 필요한 삶을 선택하지 않았을 것이다. 그다음으로는, 합격한 이후 달라질 모든 것들을 생각했다. 사랑하는 이의 응원, 주변의 시선, 보장된 미래, 평생 벌 수 있는 기대소득 같은 것들 말이다. 생각만으로도 가슴이 두근거리고 간절함이 절로 생길 수밖에 없었다. 그렇게 얻은 간절함을 의지로 바꿔 노력하게 되었다.

그러나 이렇게 얻은 의지를 유지하기는 쉽지 않았다. 의지라는 것은 밑 빠진 독에 물 붓는 것과 같았다. 그때마다 위와 같은 생각들을 되뇌었다. 물론 처음에는 저런 생각들만으로도 가슴이 불타올랐지만, 시간이 지날수록 불은 사그라들었다. 그럴 때마다 나는 하나, 둘 생각을 확장해 나갔다. 만약 수험생활이 1년 늘어난다면 시험 준비 비용은 얼마가 추가되고, 바로 합격했을 때와 비교하여 기대소득은 얼마나 손해인지. 수험생활로 외롭고 피폐해진 내 정신이 과연 내년에는 더 나아질 것인지. 혹여나 떨어진다면 실패에 대한 기억이 각인되어 앞으로 하게 될 도전들에서 주저하지 않을 수 있을지. 또 인간관계에서 잊히는 것은 아닌지 등을 처절하게 생각해 보았다. 그중에서도 내게 가장 큰 동기부여가 되었던 건 바로 다음과 같은 생각이었다.

세상에 이런 복권이 있다고 생각해 보자. 1년 동안 잠 줄여가며 공부만 열심히 해서 시험에 합격하면 10억 원을 한 번에 받을 수 있는 복권. 1년 동안 노력하는 기회비용에 비해 얻을 수 있는 소득이 매우 크기에 너도나도 이 복권을 구매하려고 하지 않겠는가? 내가 준비해야 하는 시험이 바로 그 복권인 것이다. 로또 1등의 확률은 약 800만분의 1이지만, 이 경우는 분명 다르다. 하루를 어떻게 보내느냐에 따라 당첨될 확률이 높아지는 복권인 셈이다. 이 시험에 합격했을 때 평생 얻게 될 기대소득을 한 번에 얻게 된다고 생각하니 '오늘은 이만하고 자야지', '친구가 오랜만에 만나자 했으니 내일은 친구랑 놀아야지'와 같은 생각을 하기 어려웠다. 또, 집중이 흐트러질 때에는 매일 당첨 확률을 조금씩 높이자는 생각으로 마음을 다잡기도 했다.

이처럼 장기전을 준비하는 수험생일수록 오히려 이 시험은 매일

단추를 채워 나가는 단기전이라고 생각하는 것이 좋다. 멀리 있는 목적지는 잘 보이지 않기에 열정이 줄어들고 의지가 약해질 수 있다. 그럴 때마다 자신이 생각하는 소중한 가치를 되뇌어 보자. 꺼져가는 불씨를 되살려 줄 훌륭한 연료가 될 것이다.

| 자기 합리화와의 전쟁

'오늘은 이만큼 했으면 됐다', '몸이 안 좋으니 쉬었다가 다 낫고 해야지', '어제, 오늘 열심히 했으니 내일 하루는 놀아도 되지 않을까?' 어느 수험생들에게나 들 수 있는 생각이다. 물론 적절한 스트레스 관리를 위하여 가끔은 충분한 휴식도 필요하지만, 나만의 기준을 명확히 해놓지 않는다면 당신은 자기 합리화와의 전쟁에서 패배하게 될 것이다. 처음의 뜨거웠던 목표에 대한 갈망은 온데간데없어지고 목적 없는 공부를 하게 될 가능성이 높다. 목적과 간절함이 없는 공부는 스스로를 지치게 만들뿐더러 공부하는 시간이 괴로워지는 지름길이다.

그렇다면 자기 합리화를 방지하는 방법에는 무엇이 있을까? 내가 추천하는 방법은 삶의 패턴을 단순화하고, 나만의 휴식 기준을 명확히 정해놓는 것이다. 삶의 패턴을 단순화하는 것은 말 그대로 잠, 식사, 공부 외에 신경 쓸 것들을 만들지 않는 것이다. 처음이야

외롭고 따분할 수 있지만 그런 생각이 든다면 이미 삶의 패턴 단순화에 성공한 것이다. 적절한 휴식이란 힘들 때마다 무작정 쉬는 것이 아니라 요일과 시간을 구체적으로 정하고 과하지 않은 범위 내에서만 휴식을 취하는 것이다.

나는 토요일 저녁 8시경부터 일요일 오후 12시까지, 16시간을 나를 위한 시간으로 사용했다. 데이트하며 간단하게 술을 한잔하거나 쌓인 피로를 풀었다. 물론 술을 마시더라도 과음은 하지 않았다. 이렇게 특별한 것을 하지 않아도 일주일 동안 쌓인 스트레스는 어느 정도 해소되었고 그다음 일주일을 '이번 주 열심히 하고 또 주말에 재밌게 쉬어야지'라는 생각으로 버틸 수 있었다.

물론 이렇게 휴식하는 만큼 나머지 시간에는 최선을 다해야 한다. 수험생 시절 허리가 좋지 않아 의자에 앉지 못할 정도로 상태가 심각한 적이 있었는데, 그때도 암기할 것들을 침대맡에 두고 누워서라도 공부를 이어갔다. 휴식 시간에 대한 나와의 약속은 철석같이 지키면서 공부 시간에 대한 약속을 어기는 것은 말이 안 된다고 생각했기 때문이다. 공부하는 하루하루가 완벽할 순 없어도 완벽하기 위해 최선을 다해보자. 결과가 증명해 줄 것이다.

| 떨어져 나가는
인간관계에 대한 고민

인생에서 인간관계가 차지하는 비중은 결코 적지 않다. 수험생활을 하다 보면 친구들과 오래 보지 못하게 되고 같이 어울리던 무리에서 혼자 떨어져 나가지는 않을지 막연한 걱정이 들 것이다. "전혀 신경 쓰지 않아도 된다!"라고 자신 있게 말하지는 못하겠다. 나 역시 인간관계가 수험생활을 하며 느낀 가장 큰 스트레스 중 하나였기에 불안과 걱정이 크다는 것을 잘 알고 있다.

당시 나는 '성인이 된 후 만난 친구들은 계산적이며 진정한 친구가 될 수 없다'라는 편협한 생각을 갖고 있었다. 약대 시험을 치르고 4년 정도 지난 지금 돌이켜볼 때 그때 가졌던 생각은 100% 틀렸다. 수험생활을 끝내고 돌아와 보니 친구들과 그동안 사이가 멀어지기도 했지만, 약대에서 새로운 인연을 얻기도 했다. 또 수험생활을 하며 알게 된 동생과는 지금까지도 의형제처럼 지내고 있다.

수험생활로 인한 공백 때문에 고작 1~2년 못 만나 멀어질 정도의 관계라면 오히려 빨리 멀어지는 것이 나을 수 있다. 물론 당장은 받아들이기 힘들겠지만, 그런 친구가 정말로 소중한 친구가 맞는지 되뇌어 보길 바란다.

힘들면 도움을 청하라

수험생활을 하다 보면 무기력감과 우울감이 물밀듯 찾아오며 슬럼프에 빠지게 될 수 있다. 대부분의 수험생이 수험 기간 중 이런 슬럼프를 한 번쯤은 경험한다고 한다. 그 정도가 약하다면 의지를 다지며 훌훌 털고 일어나겠지만, 더 이상 버티기 어려운 힘든 상황이 찾아올 수도 있다.

이럴 때는 "어떻게 하라"라는 말을 함부로 하기는 힘들다. "괜찮아, 나도 겪어봐서 아는데 그럴 때일수록 열심히 해야 돼", "너만 힘든 게 아니야. 내년에 또 하려고 그러니?"라는 주변의 조언들은 아무런 도움도 되지 않는다. 어떠한 위로도 들리지 않을지도 모른다. 그렇다고 혼자 힘든 것을 견뎌내고 끙끙 앓지는 않았으면 한다. 나는 마음의 병이 심해지기 전에 정신건강의학과에 내원할 것을 적극적으로 권장한다. 시험에 결격사유가 될까 봐 병원에 가길 꺼리는 경우도 있는데 사실과 다르니 걱정하지 말자.

또는 정신질환에 대한 편견으로 정신과 방문을 꺼리기도 하는데 현대 사회에서 우울증과 같은 정신질환은 감기와 비슷할 정도로 흔하다. 콧물과 기침에도 병원을 가면서 왜 가장 중요한 뇌에서 일어나는 호르몬 또는 신경전달물질로 인한 문제는 고치려고 하지 않는가. 우울증 등은 그저 질병에 걸린 것일 뿐이다. 친한 친구가 수험생활에 대한 스트레스로 펑펑 울며 그만두고 싶다고 하며 많이 힘들어한 적이 있었다. 충분히 얘기를 들어주고 진정이 된 이후, 병원에 내원하도록 설득하였다. 결국 병원에 다니기 시작했고 약 3개월간의 치료를 통해 펑펑 울었던 당시 상황을 창피해하며 웃을 정도로 상태가 많이 호전되었다. 혹여나 당신에게도 마음의 병이 생긴 것 같다면 조금이나마 빨리 병원에 가보길 추천한다. 발전된 현대 의학이 당신을 도와줄 것이다.

중고차:
20대에 구매해야 하는 이유

● 김민수

20대 초반의 학생들이라면 한 번쯤은 자동차에 대한 환상을 꿈 꾼다. "누가 무슨 차를 샀다더라", "누구 아버지가 타던 차를 선물로 주셨다더라" 등의 소식을 듣고 나면 '나도 자동차가 있으면…'이라는 상상을 하게 된다. 멋진 차를 타고 드라이브를 가고 싶은 마음, 자동차를 구매한다면 혹시 나도 연애를 할 수 있지 않을까? 하는 환상.

하지만, 여기서 다룰 20대 초반에 중고차를 구매해야 하는 이유는 소위 '허세'와 같은 치기 어린 것과는 달리 조금은 현실적인 이유가 될 것이다. 지금부터 20대 초반에 차를 가짐으로써 얻을 수 있는 장점들을 얘기해 보겠다.

| 중고차로 하루 2시간을 더 살다

　나는 23살에 첫 차를 구매했다. 군대 전역 후 여러 아르바이트를 통해 번 500만 원 남짓으로 구매한 아반떼 HD가 나의 첫 차였다. 디자인은 허세와 거리가 멀었지만 차를 구매하고 난 뒤, 나의 생활은 많은 부분이 바뀌었다.

　당시 내가 다니던 학교는 대중교통으로 약 1시간 정도 거리에 있었다. 정류장까지 가는 시간과 배차시간 등을 고려하면 평균 1시간 20분 정도를 등굣길에 소비한 것이다. 돌아오는 시간까지 합치면 거의 3시간가량을 길에서 허비하고 있었다. 하지만 차량을 구매한 후 등하교 시간은 총 1시간 정도밖에 걸리지 않았고 나는 매일 2시간을 얻게 되었다. 하루 26시간을 살게 된 셈이다. 비약이 지나치다고 생각되는가? 얻게 된 시간으로 무엇을 할 수 있을지 생각해보자. 단지 집에서 조금 더 늦게 나가고 일찍 도착하는 정도의 이득이 아니었다. 나는 더 이상 막차 시간에 쫓길 필요가 없었다. 귀가 시간에 대한 제약이 없어지니 그 시간에 시험공부나 자기계발, 아르바이트 등 다양한 활동을 할 수 있었다. 얻게 된 시간을 어떻게 활용하느냐에 따라 당신이 새로이 얻게 된 시간의 효용은 배로 늘어날 것이다.

｜ 공간적 제약이 없어진다

나는 군대 전역 후 생활비를 스스로 벌며 학교에 다녔다. 자차가 생기기 전에는 집 주변 카페 등에서 아르바이트를 했는데, 차를 구매하고 나서는 거리에 상관없이 시급이 높고 근무 환경이 좋은 곳에서 일할 수 있게 되었다. 예를 들어 야간 보안요원 일을 했을 때 나의 업무는 3시간마다 순찰 외에는 초소에 앉아 공사 차량을 확인하고 들여보내 주는 것 정도가 다였다. 학교를 다니며 주 5일 야간 일을 병행했음에도 체력 소모가 적고 공부도 틈틈이 할 수 있었기에 좋은 성적을 유지하며 적지 않은 돈을 벌 수 있었다. 이따금씩 막노동이라고 불리는 현장 일도 가곤 했는데 차량을 가져가면 공사 현장으로 이동할 때 동행하는 분들에게 한 사람당 3천 원 정도의 교통비를 받을 수 있었다. 5인승 차에 4명을 태워 가면 기름값을 제외하더라도 1만 원 정도의 부수입이 생겼다. 또한 차량 소유자가 드물기에 경쟁률이 치열한 새벽 인력사무소에서 나는 항상 우선순위였다. 과외를 시작했을 때에도 거리 제약이 없다 보니 학생을 구하는 일이 매우 수월했다. 자차가 없었더라면 학생의 집까지 대중교통을 몇 번 갈아타야 하는지, 역에 내려서는 얼마나 걸어야 하는지, 버스로는 몇 정거장을 가야 하는지 등을 고민해야 했겠지만 차가 생긴 이후에는 그런 조건들은 더 이상 생각하지 않게 되었다.

비단, 일하는 데에서만 공간적 제약이 없어진 것이 아니다. 차가 생기고 난 후로는 인근 관광지나 드라이브 코스 등에 많은 시간과 돈을 들이지 않고도 자유롭게 다닐 수 있었다. 대중교통으로 이동이 어려운 곳에 여행도 쉽게 갈 수 있게 되었고, 맛집이나 좋은 카페를 가더라도 대중교통 노선도를 벗어날 수 있게 되어 생활권이 훨씬 넓어졌다.

| 나만의 공간이 생긴다

 복학 후 나는 이전과 다른 삶을 살기 위해 정말 열심히 공부했다. 학점을 올리기 위해 대학 강의를 전날 예습, 당일 복습까지 해가며 공부했고 시험 기간 한 달 전부터는 하루에 4시간 정도만 자며 공부했었다.

 또 시험 기간에는 밤을 새우며 공부하기를 좋아했다. 잠을 아예 안 잘 수는 없기에 나만의 공간인 차에서 쪽잠을 자며 집에도 가지 않고 학교에 남아 공부했다. 물론 과방이나 동아리방 같은 곳에서도 잠을 청할 수 있지만, 언제 누가 들어올지 모르는 곳에서 나의 소중한 잠을 보충할 순 없었다. 그늘 밑에 주차하고 담요와 목베개를 챙겨 잠을 청했기에 시간이 부족했던 시험 기간에도 탄력적으로 공부할 수 있었다. 그 덕에 복학 직후 3학기 연속 과탑을 하며 1점대였던 학점을 4점대까지 끌어올릴 수 있었다.

| 체력을 안배할 수 있다

학과 건물에 사물함이 있었지만 귀중품은 넣을 수 없었다. 차를 사기 전에는 노트북, 텀블러 등 많은 짐을 들고 학교에 다녔다. 산을 깎아 지은 학교에 다녔기에 타 단과대학 수업이라도 듣는 날에는 전공서까지 들고 오르막길을 걸어 다녀야 했다.

심지어 시험 기간에는 그날 공부할 자료들을 모두 들고 이동해야 했다. 집에서부터 1시간 넘는 거리를 이동하는 동안 여러 권의 전공서들을 들고 다니느라 한여름에는 땀을 뻘뻘 흘렸다. 겨울에는 무거운 패딩을 입고 이동해야 했고 대중교통에서 나오는 뜨거운 히터로 다시 겉옷을 벗어 무릎 위에 올려놓곤 했다. 비라도 오는 날에는 남는 손도 없이 힘겹게 봉을 끌어안고 넘어지지 않으려 애를 썼다. 이 탓에 학교에 도착하면 이미 진이 다 빠졌다. 하지만 자차를 갖고 나서는 모든 불편함이 해소되었다. 짐은 트렁크와 뒷좌석에 두었고 비 오는 날에는 우산 없이도 비 한 방울 안 묻히고 목적지에 도착할 수 있었다. 이동에서 오는 체력 소모가 적어지니 남는 체력을 공부에 투자할 수 있었다.

| 다른 사람에게 부탁할 수 있는
　기회를 얻는다

　차를 산 이후 주위 학생들에게 "혹시 어디까지만 태워줄 수 있겠냐"라는 부탁을 많이 받았다. 같은 방향이거나 멀리 돌아가지 않으면 웬만해서는 다 태워주었다. 나는 기껏해야 5분 돌아가지만 그 사람은 나에게 고마운 마음을 갖게 된다.

　남이 나에게 고마운 마음을 갖는다는 것은 언젠가 나도 부탁할 수 있는 기회를 얻는 것이다. 아무리 완벽하게 살아간다 한들 살다 보면 남들에게 부탁할 일이 한 번씩은 생기기 마련이다. 예를 들어 수업에 늦어 강의 내용을 필기하지 못했을 때 친구에게 한 번 정도 말해볼 수 있을 것이다. 고마움을 기억하는 친구라면 그 정도는 흔쾌히 들어줄 것이다.

　간혹 태워주는 것을 당연하게 생각하는 친구들이 있어 기분이 좋지 않을 때도 있었다. 하지만 언젠가는 그들도 수고로움을 깨달으리라 생각하고 부탁을 들어주었다. 혹시나 다른 이의 차를 얻어 타는 입장이라면 고마운 마음을 갖고 휴대폰은 잠시 주머니에 넣어둔 채 조수석에 앉아 교통상황을 살펴봐 주는 등의 기본적인 에티켓을 지키도록 하자.

앞서 말한 것 외에도 차가 있을 때 얻는 장점은 셀 수 없을 정도로 많다. 따로 카테고리화하여 서술하진 않았지만 남들보다 더 많은 경험을 해볼 수 있고, 생각의 범주도 커진다. 그렇다고 중고차에 장점만 있는 것은 아니다. 물론 각자가 판단하여 구매하는 것이지만, 그럼에도 내가 생각하는 가장 큰 단점들을 정리하여 차량 구매 전 꼭 고려해야 하는 사항에 대해 말해보도록 하겠다.

| 금전적인 문제

차량 구매를 생각한다면 가장 먼저 금전적인 부분을 고려해야 한다. 만약 금전적인 여유가 있다면 다음으로 넘어가자.

자동차 구매를 고려한다면 초기비용과 유지비용을 반드시 계산해 보아야 한다. 단순히 차량 구매비용만 생각해서는 안 된다. 우선 초기비용에는 차량 가격, 보험료, 취등록세, 자동차세 등이 있다. 어떤 차를 사느냐에 따라 비용이 천차만별이지만, 초기비용을 낮추기 위해서는 국산 중고 경차 혹은 소형차를 고르길 추천한다. 그렇다고 너무 가격이 저렴한 차를 구매하는 것은 위험하다. 동일 연식, km 대비 저렴한 차는 일단 의심부터 하고 조심스럽게 접근해야 한다. 많은 사람이 얘기하듯 싸고 좋은 차는 없다. 최소 400~500만 원 정도는 차량 구매 예산으로 잡아야 한다. 여기에 취등록세와 자동차세, 소모품 교환비가 약 50~100만 원 정도 들어갈 것이고 보험료도 나간다. 20대 초반의 보험료는 매우 비싼 편이지만, 예산을 절감하기 위해 보호자의 명의로 등록하고 '누구나 운전 특약' 등을 통해 보험료를 낮추는 방법도 있다. 정리하면, 아무리 예산을 낮춰도 500~700만 원 정도의 목돈이 필요하다.

초기비용에 더해 월 유지비용도 추가되는데, 기름값과 기타 경정비 비용, 주차비 등이 그것이다. 기름값이야 연비가 괜찮은 차를 타면 대중교통을 이용하는 금액과 큰 차이가 나지 않는다. 경정비에는 타이어 교환, 엔진오일 교환 등과 같은 소모품 교환 비용이 주를 이룬다. 유지비용 중 가장 신중하게 고려해야 할 부분은 바로 주차비이다. 거주하는 지역과 생활 반경에 따라 주차비로 부담해야 하는 금액이 달라지니 내가 자주 가는 곳들에 무료 주차를 할 수 있는지, 주차비가 든다면 금액은 어느 정도인지를 미리 생각해야 한다. 유지비용은 경우에 따라 10만 원에서 30만 원 선까지 필요하다고 생각하면 된다.

아무리 아낀다고 해도 어린 나이에 결코 적은 금액은 아니다. 어쩌면 대중교통을 이용하고 그 돈으로 여행을 통한 경험을 쌓거나 친구들과 모임을 하는 것이 나을 수도 있다.

| 지긋지긋한 교통체증

서울과 같은 도심지역에 주로 생활한다면 출퇴근 시간에 자가용을 타는 것은 대중교통을 이용하는 것에 비해 훨씬 더 많은 시간을 낭비하게 된다. 위에서 중요하게 얘기했던 장점 중 하나를 잃는 것이다. 목적지까지 이동하는 시간이 늘어난다면 여가 시간이 줄어들 뿐 아니라 스트레스가 쌓이고 피로가 누적될 것이다. 아무리 다른 장점들이 매력적으로 보여도 도로에서 소모되는 시간을 반드시 계산해 봐야 한다. 자신이 생활하는 반경의 교통상황은 어떤지, 또 주로 차를 타고 이동하는 시간대의 도로 상황은 어떤지 등을 내비게이션을 통해 예상해 볼 수 있다. 만약 대중교통을 이용하는 것에 비해 지나치게 시간이 오래 걸린다면 차량 구매에 대한 필요성을 재고해 봐야 할 것이다.

| 어딜 가나 주차 문제

나는 지방 소도시에 살았기에 주차에 대한 어려움을 고려하지 않아도 되었다. 당시 다니던 대학에서는 월 1만 원대로 학생들에게 주차공간을 제공했었다. 그럼에도 주차 문제로 골치 아픈 적이 한두 번이 아니었다. 주차비는 물론이거니와 애초에 주차할 곳이 없는 경우도 종종 있었다.

한 번은 차를 끌고 서울에 가게 될 일이 있었는데 정말 난감했다. 위치는 강남이었는데 일 주차비가 3만 원 정도 했던 것 같다. 숙소를 서울 외곽으로 잡았는데도 숙소에서 주차 제공을 해주지 않았으며 주차요금은 따로 받았다. 그때 주차난에 호되게 당하고 난 뒤로는 서울에 갈 일이 있으면 대중교통을 이용한다. 서울이 아니더라도 자신이 다니는 학교에서 학생들에게 주차공간을 제공하지 않는 경우 사설 주차장을 이용할 수밖에 없는데, 이렇게 되면 차량 유지비가 많이 오르니 주차공간에 대해서는 반드시 사전에 고려할 필요가 있다.

이러한 단점들을 모두 고려해 보고도 차를 구매함으로써 '나도 위와 같은 장점들을 얻을 수 있겠다' 혹은 '조금 더 넓은 세상을 경험해 보며 견문을 쌓고 싶다'라는 판단이 서면 큰마음 먹고 목돈을 모아 구매해 보길 바란다. 단언컨대 그동안 보지 못했던 새로운 세상이 열릴 것이다.

사회생활: 시작점으로서의 대학

● 김민수, 김서환, 이성환, 주광호, 박멍이

    대학은 학업의 공간이지만 성인이 되어 처음으로 다른 사람과 관계를 맺으며 사회 속에서 지혜를 배워 나가는 공간이기도 하다. 사회생활을 통해 사람들과 교류하는 것은 물론, 다양한 감정을 공유하고 성장할 수 있다. 갓 고등학교를 졸업한 청춘들에게는 어려운 과제이겠지만 대학생이 되면 같은 동네, 같은 학교를 넘어 새로운 사람들을 만나게 된다. 선후배, 동기와 같은 비슷한 또래에게 다가가는 것은 큰 어려움이 없겠지만 어른들과의 관계는 마냥 어렵게만 느껴질 수 있다. 풋내기 선배들이지만, 이제 막 사회로 진입한 청춘들에게 각자의 경험을 공유하고자 한다.

진심을 표현하는 것은
씨앗을 심는 것과 같다 (김민수)

❖ ❖ ❖

인간관계에서 감정 표현은 매우 중요하다. 감정을 말로 명확하게 표현하면 내가 전하려는 의도를 정확하게 전달할 수 있기 때문이다. 또한, 서로의 감정을 이해하는 것은 물론 관계 역시 발전할 수 있다. 감정 표현은 상호 관계에서 씨앗을 심는 것과 같아, 잘 관리한다면 아름다운 열매를 맺을 수 있을 것이다.

나는 전적 대학에서 학부 연구생으로 실험실에 소속되어 있었는데, 당시 지도 교수님은 약대를 졸업하신 분이었다. 항상 학생들을 존댓말로 대해주셔서 모든 학생에게 존경의 대상이 되었다. 나 역시도 그분을 존경하며 '나도 약대에 가서 저 교수님처럼 되어야지' 하는 생각을 했었다.

보통 편입을 생각하면 학과 교수님들이 반기지 않는 분위기이기에 서류상의 절차로만 조용히 휴학하곤 한다. 하지만 나는 교수님께 찾아가 향후 계획을 말씀드리고 약대 편입에 관해 여쭤보았다. 또한 약사가 되어야겠다는 생각을 한 것은 교수님의 영향이 컸다며 감사하고 존경한다는 말씀을 드렸다. 교수님께서는 자세히 상담해 주시며 나의 미래를 응원해 주셨다. 그렇게 인연이 끝날 법했지만,

나는 수험생활 중에도 그분에 대한 감사함을 잊지 않고 종종 안부 인사를 전하곤 했다.

시험이 끝나고 교수님께 감사 인사를 전하러 찾아뵈었다. 단지 감사 인사를 전하러 갔을 뿐인데 학교 지원 전략부터 자기소개서 작성법까지 정말 세세하게 알려주셨고 나중에는 첨삭까지 도움을 받았다. 교수님 입장에서 보면 나는 수많은 제자 중 한 명일 뿐이었음에도 마치 아들처럼 큰 도움을 주셨다.

지금까지도 매년 교수님을 찾아뵙곤 하는데, 언젠가는 소주 한 잔을 기울이며 다음과 같은 말씀을 하셨다. "민수 학생이 그렇게 열심히 하니까 도와준 거예요. 교수 입장에서 자기처럼 되고 싶다는데 그만큼 뿌듯한 게 뭐가 있겠어요" 나는 단지 존경하는 마음을 밝히고 조언을 구했던 것뿐이었는데 그게 그렇게 큰 도움으로 다가오리라고는 생각하지 못했다. 만약 그때 그런 말을 하지 않았고 남들처럼 조용히 휴학했더라면 지금의 내가 있을 수 있었을까?

그 이후 나는 긍정적인 감정은 반드시 표현하고자 노력한다. 나이와 성별, 직위를 막론하고 그 사람과 함께 하는 것이 좋다면 적절한 때를 봐서 꼭 진심을 전달한다. 잠시 낯 뜨거울지 몰라도 이러한 감정 표현은 관계를 더욱 빛나게 해줄 것이다.

한여름 밤의 꿈 같은, 프랑스 와인밭에서 느낀 관계의 소중함 (김서환)

◆ ◆ ◆

프랑스에서 유학하던 중, 한국에서 함께 미슐랭 레스토랑에서 일했던 소믈리에 친구에게서 연락이 왔다. 프랑스 부르고뉴의 유명한 와이너리에 방문할 예정인데 함께 가지 않겠냐는 것이었다. 평소 와인에는 관심이 많았지만 요리 공부에만 매진하다 보니 와이너리를 방문할 기회가 없었는데 마침 좋은 기회가 생긴 것이었다.

우리가 방문했던 와이너리는 한국인 대표님이 남편분과 함께 운영하시는 곳이었다. 그 대표님이 만드신 와인은 『신의 물방울』이라는 만화책에 소개되어 일본과 한국에서는 없어서 못 팔 정도로 인기가 있었다. 또 와이너리 방문객들을 위해 와이너리 한 편에 위치한 한 건물 전체를 숙소로 운영하셨는데, 유명 연예인들을 비롯한 기업 대표들도 와서 묵을 정도였다.

운 좋게 와이너리 안 숙소에 머물며 와이너리 투어를 경험할 수 있었던 우리는 프랑스 와인을 제대로 즐기며 공부할 수 있었다. 서로 다른 품종, 다른 빈티지에 대해 대표님의 설명을 직접 들으며 비교 시음해 보고 각 해의 기후는 어땠는지, 그 해에 어떤 일들이 있었는지에 대한 재밌는 이야기를 들으며 배울 수 있었다. 그중에서는 돈 주고도 사 먹을 수 없는 와인도 있었다. 거기다 대표님은 투어를 다 마치고 숙소로 들어가기 전, 편하게 저녁 식사를 하며 마시라며 우리에게 와인 몇 병을 선물로 주시기도 하였다.

우리는 이런 대표님의 배려에 감사한 마음을 담아 시장에서 장을 봐 프랑스 가정식 요리 중 하나인 뵈프 부르기뇽(소고기에 와인을 넣고 졸인 프랑스식 장조림)을 직접 만들어 저녁 식사 때쯤 선물로 가져다드렸다. 그렇게 특별한 요리를 해드린 것이 아님에도 불구하고 우리의 마음이 예뻐 보이셨는지 같이 저녁 식사를 하자며 자리를 마련해 주셔서 얼떨결에 가족 식사에 함께하게 되었다.

그날 우리는 한여름 밤의 꿈 같은 식사를 하였다. 수영장이 딸린 정원에서 와인과 치즈, 푸아그라를 먹으며 많은 이야기를 들었다. 대표님이 프랑스에서 수십 년간 살며 겪은 외국인으로서의, 그리고 와인 생산자로서의 어려움, 처음으로 직접 와인을 판매하게 된 이야기, 와인을 통해 남편분을 만나게 된 이야기 등 그분의 인생에 대해 들을 수 있었다. 요리와 와인을 공부하는 우리들의 입장에서는 너무나 신기한 옛날이야기, 그렇지만 아직도 살아 숨 쉬는 이야기였다. 또, 대표님은 꿈을 향해 열심히 달려가지만 앞길이 뚜렷이 보이지 않아 막막해하는 우리들의 이야기를 듣고 진심 어린 조언도 해주셨다. 심지어, 젊었을 적 당신이 생각나셨는지 요리와 와인을 공부하는 사람들은 많이 먹고 마셔봐야 한다며 수백만 원을 호가하는 와인들을 꺼내오셔서 우리에게 마셔볼 기회를 주셨다.

누군가와 관계를 맺는다는 것은 결코 어려운 것이 아니었다. 그저 상대방이 하는 말을 경청하고, 상대방이 이뤄낸 것에 대해 경의를 표해주는 것. 그 과정에서 대표님과 우리는 만난 지 얼마 되지 않았으나 서로 많은 것들을 알게 되었다.

또, 한국인의 정이란 바로 이런 게 아닐까 싶다. 주고받는 마음. 받은 걸 당연하게 여기지 않고 감사하게 여겨 다시 다른 무언가로 돌려주고 싶은 마음. '응답하라 시리즈'에서처럼 이웃 간 맛있는 음식을 허물없이 주고받고, 안부를 묻는 그런 따뜻한 마음 말이다.

대학생을 키워내는 '어른공동체' (이성환)

◆ ◆ ◆

중학생 때부터 시작된 기숙사 생활은 대학교까지도 쭉 이어졌다. 부모님과 독립하여 살아가는 것은 일찍부터 익숙했지만 그렇다고 마냥 쉽지만은 않았다.

특히, 의과대학에 진학하면서는 학업적 부담감과 심리적인 고독감으로 힘들 때가 많았다. 많은 학업량을 소화하기 위해서는 집으로 돌아가는 시간도 아껴 공부해야 할 때가 많았기 때문이다.

이런 나에게 학내에 계신 많은 어른들이 큰 힘이 되어주셨다. 의과대학 학생은 사실상 학교에서 살다 보니 항상 학교를 위해 힘써 주시는 미화원 어머님들과 식당 어머님들을 마주할 수밖에 없다. 학교를 깨끗하게 유지해 주시고 배고픈 학생들을 위해 맛있는 식사를 만들어 주시는 분들께 항상 감사한 마음을 가지고 있었고, 나는 꼬박꼬박 먼저 고개 숙여 인사를 드렸다.

그런 나를 어머님들은 애틋한 사랑과 돌봄으로 보듬어 주셨다. 밤을 새우고 다음 시험을 준비하고 있을 때 식당에서 파는 2천 원짜리 우동을 먹으러 간 적이 있었다. 점심시간보다는 다소 늦게 식당에 도착했더니 재료가 다 떨어져 있었다. 그러나 어머님들은 항상 인사하는 걔라며 본인들의 점심을 덜어 극구 마다하는 나에게 우동 한 그릇을 대접해 주셨고, 덕분에 든든한 배와 마음으로 시험을 잘 칠 수 있었다. 어머님들이 퇴직한 후에도 학교에 오시면 꼭 연락을 주시며 비타500 하나라도 손에 쥐여주셨던 순간들이 기억에 남는다.

이런 경험들은 당시 공부와 삶에 치이며 힘들게 학교에 다녔던 나에게 큰 위로가 되었고, 나누고 보살피는 마음을 가진 좋은 의사가 될 수 있게끔 도움을 주신 것 같다.

부모님과 함께할 수 있는 물리적인 시간이 적었던 나는 정말 8할을 학내에 계신 어른들을 만나며 성장했다고 단언한다. 그러한 어른들께 예의 바르게 행동하고, 그분들을 진심으로 존중하는 것만으로도 자신이 속한 공동체에서 사랑받고 성장할 수 있을 것이다.

상사도 칭찬에 약하다! (주광호)

◆ ◆ ◆

대학생활 동안 아르바이트나 인턴 등을 하다 보면 누군가와 함께 일하기 마련이다. 첫 아르바이트에 첫 인턴이라니. 그 떨림은 한참이 지난 지금도 생생하다.

특히나 상사와의 관계가 나쁘다면 일은 정말 쉽지 않다. 나는 대학 시절 도서관, 교육청, 프리랜서부터 소위 3D 업종이라는 일용직까지 다양한 일을 경험했다. 일 자체의 어려움도 중요했지만 나의 경우 누구와 일하느냐가 스트레스에 더 큰 영향을 주었다.

능력 있고 친절한 상사를 만난다면 너무나 좋을 것이다. 그러나 어떤 상사를 만나는지는 '운'이다. 그래서 나는 누구를 만나는지보다 그들과 어떤 관계를 만들어 나갈지 고민했다. 상사와 좋은 관계를 유지하고 서로 존중하는 것은 내 노력으로 해결할 수 있으니 말이다.

내가 선택한 방법은 나 자신의 부족함을 인식하고 하나라도 더 배우려는 자세를 유지하는 것이었다. 남들보다 10분씩 일찍 출근했고 누가 가르쳐 주지 않더라도 업무 매뉴얼 등을 정독하며 먼저 질문했다. 일할 때면 언제나 최선의 방법을 연구했고 실수를 줄이고자 확인 작업을 반복했다. 누군가 일을 가르쳐 줄 때면 구체적인 부분을 짚어 감사를 표시했다. 언젠가 함께 일하는 분이 곤경에 처했을 때 먼저 다가가 도와드렸더니 몇 주가 지나고도 반복해 언급하시며 고마움을 표시하기도 했다. 내겐 간단한 육체노동이었기에 머쓱할 정도였다.

어렵고 무서운 상사도 결국 사람이다. 특히나 직장 동료들 앞에서 후배의 감탄을 받는 것은 기분 좋은 일일 수밖에 없다. 진심을 담아 사소한 기쁨을 드리자. 자신을 존중하는 후배에게 막 대하는 상사는 드물다. 은근히 간식을 챙겨주시며 다음에도 꿀팁을 알려주실지도 모른다.

그럼에도 어려운 순간은 찾아온다. 어느 날엔 상사가 기분 나쁜 일이 있었는지 이유 없는 화를 내게 쏟아냈다. 솔직히 말하자면 그 순간 나도 화가 났다. 회사에서 이를 표현하는 것은 부적절하다 생각하였기에 죄송하다고 말한 후 어떻게 하면 관계를 잘 풀어 나갈 수 있을지 고민했다. 나는 퇴근 후 상사의 기분도 풀렸으리라 예상하고 오늘 일에 대한 사과와 나의 생각을 정중하게 기프티콘과 함께 보냈다. 그러자 놀랍게도 상사분도 내게 정중한 사과를 하였고 우리는 서로를 더욱 존중하게 되었다.

좋은 상사를 만나는 것은 축복 같은 일이다. 그렇지만 내가 어떻게 할 수 없는 영역이기도 하다. 그렇다면 내가 먼저 좋은 후배가 되어보는 것은 어떨까?

"도와주세요! 가르쳐 주세요"라고 말할 수 있는 용기 (박덩이)

◆ ◆ ◆

나는 대학을 중도에 포기했다. 그래서 내 마음대로 살 수 있다는 장점은 있었다. 하지만 나에게는 경험과 지혜를 나눠줄 선배와 선생님이 없었다. 그래서 '찐 어른' 혹은 '찐 선배'가 더욱 중요했다.

그럼에도 대학을 중도 포기하고 아프리카 탄자니아로 떠났으니 선후배 네트워킹과 멘토링이 익숙하지 않았다. 더군다나 내가 직원을 거느리는 젊은 CEO라는 사실이 익숙해져서 그런 것인지, 패기와 열정의 근자감 덕분인지 더더욱 도움을 요청하지는 못했다. 대학 시절 졸업과 함께 내가 멋진 사람이 되리라는 믿음도 있었기에, 내 자존심이 허락하지 않았을지도 모르겠다.

하지만, 이 글의 공동저자인 윤준필 국장 덕분에 많은 부분이 바뀌었다. 원래는 국장님께서 여러 조언을 해주셨음에도 '탄자니아 현지 상황도 잘 모르면서'라는 마음으로 핑계를 대고 변명을 많이 했었다. 그럼에도 불구하고 국장님은 나를 진심으로 생각해 주는 마음으로 경영 개선 자료와 주변 관계 정리를 위한 코칭들을 해주셨다. 해외에서 좌충우돌하는 나는 자존심을 버리고 핑계와 변명 대신 도움을 요청했다.

신기한 것은 한 번 도움을 요청하니 대화가 한결 편해졌다는 것이다. 상대방 또한 훨씬 부드럽게 말하는 것이 아닌가? 그뿐만 아니라 더 훌륭하고 깊은 정보들을 제공해 주었다. 상대방도 나에게 도움을 줄 수 있다는 사실에 훨씬 적극적이고 친절해진 것이다.

나보다 경험과 지혜가 많은 분에게는 반감을 표현하기보다 도움과 가르침을 요청하는 게 훨씬 좋다. 그들은 자신의 경험과 지혜를 나누고 싶어 한다. 내가 예상한 것보다 훨씬 뛰어난 통찰력을 제공해 주며, 다양한 사례를 통해 깨달음을 주는 경우가 많다. 그러니 적극적으로 도움을 요청하고 가르침을 구하길 바란다.

청년들이 들려주는 곡선의 삶

계획대로 되면
그게 인생이야?

● 김서환

여러분의 삶은 생각하는 것만큼 달콤하지 않을 수 있다. 좋은 일도 많겠지만 그만큼 쉽지 않은, 쓰디쓴 일도 있는 것이 삶이니까. 선배들도 마찬가지였다. 화려해 보이는 모습 이면에는 그만큼 많은 좌절과 실패의 경험이 있었다. 여러 진로로 나아간 선배들의 사례들을 보며 여러분이 앞으로 겪을 어려움에 조금이라도 도움이 되길 바란다.

알고 있었다. 셰프가 된다는 것은 쉽지 않다는 것을. TV에 나오는 것과 달리 열악한 환경에서 장시간 앉지도, 제대로 쉬지도 못한다는 것을 알면서도 선택한 길이었다. 하지만 알고 있었다고 해서 다 견딜 수 있는 것은 아니었다. 처음으로 일을 시작한 청담동의

한 미슐랭 1스타 레스토랑에서는 아침 8시에 근무가 시작되었고, 밤 10시 반에서 11시는 되어야 집으로 향할 수 있었다. 쉬는 시간이라고는 30분의 식사 시간이 전부였다. 평생을 명문대에 가기 위해 앉아서 공부만 하던 사람이 14시간 동안 뛰어다니며 일한다는 것은 결코 쉽지 않았다. 꾸준히 운동을 하기는 했지만 안 하던 일을 하니 몇 주 동안은 다리가 너무 아파 절뚝거릴 정도였다.

한식, 양식, 일식과 같은 여러 조리사 자격증을 따고, 지인들에게 요리해 줄 정도로 나름 요리를 할 줄 안다고 생각했지만, 내가 하던 건 소꿉장난이었다. 모든 과정에서 한 치의 오차도 용납되지 않았고, 제대로 하지 못하면 모두 버리기 일쑤였다. 그러다 보니 육체적, 정신적 스트레스가 심해 일을 시작하고 한 달 만에 5kg가량 살이 빠지기도 했다. 더군다나 레스토랑의 최말단인 인턴으로 들어갔기 때문에 온갖 잡일을 도맡아 해야 했다. 근무 시간의 절반은 청소와 잡일, 설거지였다. 그래도 내가 선택한 일이었기 때문에, 나날이 발전하는 내가 보였기 때문에 버틸 수 있었다. 그리고 한국 미슐랭 레스토랑에서 일한 경력 덕분에 26세의 늦은 나이였지만 프랑스 리옹에 위치한 앵스티튀 폴 보퀴즈(Institut Paul Bocuse)라는 세기의 프랑스 셰프의 이름을 딴 명문 요리학교에 들어갈 수 있었다.

프랑스 요리학교의 학사 과정은 총 3년 과정이며 학년이 끝날 때마다 인턴십 기회가 있다. 이 인턴십들은 대부분의 학생들의 가장 큰 이력으로, 졸업 후 어떠한 레스토랑에서 일할 수 있는지를 결정하는 요소로 작용하기도 했다. 서울대를 졸업한 뒤 다른 길을 모두 포기하고 '세계적인 요리사'를 꿈꾸며 프랑스로 유학을 온 나는 당연히 프랑스 최고의 레스토랑들에서 경력을 쌓을 기대를 가지고 있었다. 특히나 넷플릭스의 「셰프의 테이블(Chef's Table)」에 나왔던 채소 요리의 대가이자 전설적인 프랑스 요리사 알랭 파사르(Alain Passard) 셰프가 운영하는 아르페쥬(Arpège)에서 일하고 싶었다. 그 레스토랑은 채식이 유명해지기 전부터 채소를 메인 식재료로 사용하여 20년 넘게 미슐랭 3스타를 유지하면서 세계 최고의 레스토랑을 선정하는 The World's 50 best restaurants에 꾸준히 이름을 올렸기 때문이다. 그야말로 나에게는 꿈의 식당과도 같았다.

나는 1학년을 마칠 때쯤 인턴 자리를 구하기 위해 아르페쥬에 이력서를 보냈다. 하지만 아무리 기다려도 답이 없었다. 메일을 보낸 지 3주가 넘어 점점 조급해져 갈 때쯤 그 식당에서 인턴으로 일하고 있던 한 선배의 연락처를 얻게 되어 조언을 구하였다. 그 선배가 말하길, 전 세계적으로 유명한 식당이다 보니 지원자가 너무 많아 이력서를 일일이 읽어보지 않는다고 한다. 대신 셰프는 열정이 있는 사람을 좋아하기 때문에 직접 찾아와서 만나보고 이력서를 건네는 게 가장 좋다고 하였다. 나는 학기가 끝나기 전에 미리 레스토랑과 계약서를 작성해서 학교의 승인까지 받아야 했다.

그 말인즉슨 파리에 있는 식당에 이력서를 내러 가기 위해서는 학교 수업을 무단결석하고 2시간 동안 기차를 타고 다녀와야 한다는 것이었다. 1년에 2천만 원이 넘는 학비를 생각하면 수업이 너무 소중하고 아깝게 느껴졌지만 결국 이력서를 내기 위해 무단결석을 하고 파리에 다녀왔다. 셰프와 만나 이력서를 건네며 일하고 싶은 열정을 비췄다. 셰프의 반응도 좋았기 때문에 나는 곧 긍정적인 답변을 받을 수 있을 거라 생각했다. 하지만 결론적으로 나는 그 해에 아르페쥬에서 일할 수 없었다.

프랑스는 한국과 달리 모든 게 느리다. 그래서 메일에 대한 답변을 받으려면 기본 1~2주는 기다려야 한다. 특히나 어딘가에 지원을 한다면 그 이상을 생각해야 한다. 이력서를 내러 파리에 다녀오고 나서 답답함과 한숨으로 보내던 3주의 시간이 지났지만 아무런 답장을 받지 못했다. 학년 말이 다가오고 계약서를 최대한 빨리 체결해야 하는 상황에서 나는 결국 떨어졌다고 생각했다. 다른 친구들은 이미 인턴 자리를 찾았고, 대부분의 레스토랑들도 인턴을 모두 채용한 상황에서 나는 허겁지겁 파리의 다른 레스토랑들에 지원하기 시작했다. 다행히도 예정에도 없던 파리의 다른 미슐랭 3스타에서 긍정적인 답변을 받아 무사히 계약서를 체결할 수 있었다. 그런데 학년이 끝나기 얼마 전, 아르페쥬에서 같이 일하자는 연락을 받았다. 그렇지만 이미 다른 레스토랑과 계약서 작성까지 마친 나는 슬프게도 그 제안을 거절할 수밖에 없었다. 하염없는 기다림과 좌절감 속에 보냈던 시간이 아까워 화가 났지만 나는 다음 해를 기약하자며 최대한 정중하게 답변을 보냈다.

계획에 없이 시작하게 된 파리에서의 인턴은 예상과는 다르게 너무나도 좋았다. 기 사보아(Guy Savoy)라는 셰프의 이름을 딴 식당은 미슐랭 3스타를 20년 동안 유지하며, 세계 1,000개의 최고의 식당을 뽑는 라 리스트(La liste)에서 5년 연속 1위를 차지하고 있었다. 특히나 식당의 규모가 커 요리사만 해도 30명, 인턴은 5~6명이나 되었다. 덕분에 인턴들에게도 랍스터, 캐비어, 트러플과 같은 고급 식재료를 요리해 볼 기회가 많았다. 석 달 동안 인턴을 하며 나는 수백 마리의 랍스터를 손질해 보고 수십 통의 캐비어를 서비스할 수 있었다. 다른 레스토랑에서라면 비싼 가격 때문에 조심스러워 높은 직급에 있는 이들만 할 수 있는 일을 고작 인턴의 직급으로 할 수 있었던 것이었다. 아침 8시에 출근해 밤 10시 반은 넘어야 퇴근할 수 있었지만 정말 많은 것들을 배울 수 있었다. 그야말로 전화위복이었다.

그다음 해, 또 인턴십을 구해야 하는 시즌이 왔을 때 나는 작년에 지원했던 아르페쥬에 이력서를 내러 다시금 찾아갔다. 제일 저렴한 점심 코스가 185유로(한화로 약 27만 원)였는데 이번에는 미리 돈을 모아 점심 식사까지 예약하고 갔다. 식사를 하기 전 레스토랑에 조금 일찍 찾아가 셰프를 만나 이력서를 건넸다. 다행히 셰프는 나를 기억하고 있었고 맛있게 식사하라는 말을 건네주었다. 그때까지 나는 그냥 맛있게 먹고 가라는 뜻인 줄 알았다. 자리에 앉아 채소로만 구성된 가장 저렴한 코스메뉴를 시킨 나는 코스가 진행될수록 당황했다. 왜냐하면 식당에서 가장 비싼 1인당 480유로짜리(약 70만 원) 코스를 시킨 옆자리 커플과 같은 요리들을 서빙해 줬기 때문이었다. 종업원은 셰프의 선물이라면서 내게 랍스터와 최고급 양갈비를 포함한 16접시의 요리를 차례대로 주었다. 정말 행복하고, 맛있었던 식고문이었다. 배가 너무 불러서 남기고 싶었지만 선물로 70만 원짜리 코스를 줬는데 절대 남길 수 없었다. 식사가 끝난 후 나는 다시 주방으로 찾아가 셰프에게 감사의 표시를 하고 식사가 얼마나 감동적이었는지 내가 쓸 수 있는 최대한 다채로운 프랑스어를 쓰며 묘사했다. 그 말을 들은 셰프는 뿌듯했는지 그 자리에서 바로 인턴십 승인을 해주었다.

 2학년이 끝나고 시작한 꿈에 그리던 아르페쥬에서의 인턴십은 생각만큼 쉽지 않았다. 아르페쥬는 주방 규모가 작아 요리사는 10명 정도였는데, 그중 인턴은 나를 포함해 2명밖에 없었다. 그만큼 일에 대한 책임감도 커졌고 해야 할 일도 많았다. 만약 내가 계획했던 대로 1학년을 마치고 일을 했다면 제대로 해내지도 못할 일들이 너무 많았다. 대부분의 인턴들은 미슐랭 레스토랑에서 서비스까지 참여하기는 어렵다. 백키친이라고 불리는 뒤 주방에서 재료 준비와 청소만 하는 경우가 대부분이었다. 나 또한 인턴십 초반에는 서비스에 참여하지 못하고 재료 준비와 청소만 12시간 넘게 하다 퇴근했다. 그런데 사고로 인해 직원 자리에 공석이 생기자 우연한 기회로 서비스까지 참여할 수 있었다. 덕분에 나는 보통 인턴들이 하기 힘들었던 서비스까지 하며 더 다양한 요리를 배울 수 있었다.

졸업을 앞둔 3학년 때에는 마지막 커리어를 쌓기 위해 피에르 가니에르(Pierre Gagnaire)에 지원하였다. 이 셰프는 파리에서 20년 동안 3스타를 유지하고, 전 세계 여러 레스토랑을 운영하며 10개가 넘는 미슐랭 별을 획득한 프랑스 요리계의 거장인데, 본인의 이름을 내건 레스토랑이 한국 롯데호텔 내에도 있다. 전통 프렌치 요리를 배우기에 적합한 장소라 생각해 고심에 고심을 거듭한 끝에 지원하였지만, 나보다 먼저 지원한 사람이 있어 결국 원하는 대로 되지 않았다.

하지만 앞선 경험이 있어서 그런지 좌절감이 들기도 했지만 금방 회복하고 다른 장소를 물색하기 시작했다. 다행히 전 세계 명품 시장을 쥐고 있는 모엣 헤네시, 루이뷔통(LVMH) 그룹이 소유한 파리 5성급 호텔에 오픈한 지 6개월 만에 미슐랭 3스타를 받은 플레니튜드(Plénitude)라는 레스토랑에서 일할 기회를 얻었다. 내가 일하던 그해, 이 레스토랑은 전 세계 최고의 레스토랑을 선정하는 'The World's 50 best restaurants'에서 18위를 달성했다.

세계적으로 명성이 있는 레스토랑에서 일하는 것은 보람 넘치는 일이지만, 언제나 그렇듯 일은 쉽지 않았다. 계약서상은 주 35시간 근무였지만, 그 2배인 주 70시간 정도를 일했다(파인다이닝 업계 자체가 보통 이렇다). 아침 10시에 출근해 자정이 넘어야 퇴근을 할 수 있었고, 점심은 10분, 저녁은 3분 만에 허겁지겁 먹고 다시 일을 해야 했다. 그렇게 하지 않으면 맡은 일을 다 할 수가 없었기 때문이었다. 일에 치여 살며 스트레스도 많이 받았지만 같이 일하는 친구들이 모두 열정을 갖고 일을 해서인지 함께 버틸 수 있었다. 덕분에 전 세계에서 내로라하는 미식가들의 입맛을 사로잡을 수 있는 요리와 소스를 배우는 진귀한 경험을 할 수 있었다.

우리는 인생을 1인칭으로 직접 겪으며 살기 때문에 더 많이 걱정하고 슬퍼한다. 하지만 3인칭 독자의 시선에서 우리 삶을 읽는다면 눈앞의 실패는 성장이나 더 좋은 길을 위한 복선일지도 모른다. 우리가 무엇을 배우고, 어떻게 준비하느냐에 따라 그다음 이야기는 달라진다. 만약 내가 계획했던 대로 1학년 때 아르페쥬에서 인턴십을 했더라면 이만큼 배울 수 있었을까? 직원 자리에 공석이 생겨 서비스를 하며 더 많은 요리를 배울 수 있었을까? 계획에도 없던 기 사보아에 가서 랍스터와 캐비어 같은 비싼 식재료를 요리해볼 기회가 있었을까?

인생에서 목표로 가는 길은 눈앞에 있는 것만이 전부가 아니다.

하나뿐인 길이라고 생각했던 것이 알고 보면 막다른 길일 수도, 험난하다고만 생각했던 길이 오히려 황금 비단길일 수도 있다. 조금은 관조적인 시선에서 우리의 삶을 바라볼 수 있다면 더 나은 선택과 기회를 붙잡을 수 있을 것이다.

23살, 벼랑 끝에 서다

● 주광호

무엇이 나를 힘들게 하는가?
어떻게 자신을 돌보며 어려움을 헤쳐 나갈 것인가?
나의 부족함은 무엇이고 어떻게 채워 나갈 것인가?

대학에서의 시간은 자신을 돌아보고 성장하기에 충분하다. 그동안 달려오느라 나를 바라보는 시간이 부족했다면 더욱 그렇다. 입시에 시달리던 10대와 정신없는 사회초년생 시절을 고려할 때 대학 시절은 나에 대해 고민할 수 있는 적기다.

홀로 사색에 잠겨 나를 이해하고 성장한다면 정말 멋질 것이다. 그러나 나의 대학 시절은 그런 멋진 성장과는 거리가 멀었다. 오히려 몇 년간 계속된 과로와 건강 문제로 힘든 시간을 보냈고 그동안 무시했던 내면의 부족함은 선명하게 나를 괴롭혔다. 그럼에도 당장 생활비를 벌어야 했기에 일을 그만둘 수도 없었다. 나는 성장해야만 했다. 거창한 이유가 아닌, 그저 오늘 하루를 덜 아프게 보내기 위해서 말이다. 아름답기보다는 고군분투에 가까웠던 대학 시절 나의 성장기를 나누고자 한다.

| 나빠진 건강, 내면의 부족함이 선명히 드러나다

3학년 여름. 수 개월간 건강이 점점 나빠지더니 극심한 두통에 진통제 없이는 일어나는 것도 힘들었다. 혈당 조절이 되지 않아 반년 동안 수백 번을 토했다. 불면증은 심력을 빠르게 고갈시켰고 65kg이었던 몸무게는 56kg까지 줄어들었다. 대학 병원에서 여러 검사를 했지만 정확한 원인조차 알 수 없었다.

그럼에도 나는 여전히 로스쿨 입시를 위해 4.5점 중 4.15점 이상의 학점을 받아야 했고 생활비 문제로 매주 20시간씩 일해야만 했다. 평일은 물론 주말까지 가득 채우던 대·내외 활동과 봉사 활동도 그만둘 수 없었다. 휴학을 고민했지만, 장학금을 전부 반납해야 한다는 사실에 차마 쉴 수도 없었다. 그렇게 한 학기가 더 지나자 나는 고장 나고 말았다. 완벽주의자에 가까웠던 내가 무얼 해도 실수투성이가 되었고 사과할 일들은 잦아졌다.

어느 날은 아픈 티를 내지 않으려 깔끔하게 올린 머리에 셔츠를 차려입고 학교에 갔다. 그러자 강의실에서 마주친 후배가 어리둥절한 표정으로 내게 말했다.

"형, 바지는 왜 잠옷이야?"

시트콤 같은 일에 마냥 헛웃음을 지을 뿐이었다. 상황이 이 정도로 힘들어지자 혼자 우울감에 빠져 있는 시간도 생겨났다.

당시는 매 순간이 어려웠다. 공부하는 것도 일하는 것도 말이다. 좋은 학점을 따내고 성과를 내는 것도 부담스러웠다. 그러나 이런 것들은 견딜 수 있고 결국에는 해낼 수도 있었다. 그저 물리적으로 힘들 뿐 심리적으로는 괴롭지 않았다.

그러나 내가 유난히도 참을 수 없이 괴로워할 때가 있었다. 바로 타인에게 피해를 줄 때와 유능하지 못하다는 생각에 무력감을 느낄 때였다.

곱씹어 보니 이상한 일이었다. 누군가에게 피해를 주는 것은 죄송하고 아쉬운 일임은 분명하지만 다른 것들에 비해 이렇게나 힘들어할 만한 일은 아니니 말이다. 진짜 나를 괴롭게 한 것은 단순히 타인에게 피해를 줬다거나 유능감을 잃었다는 사실 자체가 아닌, 해결되지 않은 내면의 문제들이었다. 평소에는 느끼지 못했던 나의 부족함이 선명하게 드러난 것이다. 내면의 문제점들을 깨달았으니 이를 해결해야 했다. 매일 이렇게 힘들어할 수는 없으니 말이다. 내가 가장 먼저 한 것은 '내가 지금 힘들다는 사실' 그 자체를 인정하는 것이었다.

'맞아. 건강도 안 좋은데 이렇게 많은 일을 하는 건 힘들지. 실수하는 건 유감이지만 평소보다 능력이 떨어지는 건 어쩔 수 없는 일이야. 그러다 보면 마음이 힘들어지는 것도 자연스러운 일이야' 이렇게 말이다.

다음으로는 타인에게 피해를 주는 것, 유능하지 못한 것이 왜 이렇게까지 나를 힘들게 하는지 고민했다. 생의 초기 경험부터 대인관계까지 천천히 돌아보며 그 원인을 하나둘 찾았고 내가 느꼈던 감정들이 얼마나 비합리적이었는지 깨달았다. 살아가며 서로에게 도움을 주고받는 것은 당연한 일이며 유능한 것은 좋은 일이지만 항상 그럴 수만은 없는 것이다.

그러자 마음이 한결 편해졌고 이후부터는 비슷한 일을 겪어도 필요 이상으로 괴로워하지 않게 되었다.

| 더 나빠진 건강,
삶의 방향에 대해 고민하다

이렇게 잘 깨달았다는 이야기로 훈훈하게 마무리되었다면 얼마나 좋았을까. 그러나 현실은 그렇지 못했다. 유감스럽게도 건강은 시간이 지날수록 더 나빠졌다. 이미 나빠진 건강 상태로 모든 일을 해내려다 보니 더 큰 무리가 갔던 것 같다. 심전도 검사 결과지를 조심스레 분석하며 큰 병원을 가라고 말씀해 주시던 의사분. 집으로 돌아오는 길에 병명을 검색해 보니 여러 부정맥 중 급사 가능성이 높은 'QT연장 증후군'이란다.

심장 전문 병원을 다녀온 날, 가슴팍에 검사 기계를 붙여 씻지도 못한 채 자취방에 홀로 앉아 있었다. 그러자 많은 생각이 몰려왔다.

'급사 가능성이라니. 만약 내가 내일 죽는다면 오늘은 뭘 해야 할까?'

진부하기 짝이 없는 질문에 이렇게 진지하게 고민할 줄이야. 건강 문제를 겪고 있긴 했지만 23살의 내게 죽음은 낯선 것이었다.

부모님께 말씀은 드려야 할까. 적어도 진단이 확실해질 때까지는 그러지 않기로 했다. 그렇게 보름 가까이 삶과 죽음에 대한 고민을 이어갔다. 죽음이 내게 찾아온다면 어쩔 수 없는 일이지만 언제 죽더라도 후회 없는 삶을 살자는 막연한 답만 내릴 뿐이었다.

생명에 지장이 없다는 것을 알게 된 것은 아이러니하게도 하반신 마비를 겪으면서다.

화장실이 급해 자다 깬 새벽, 배꼽 아래로 몸이 움직이질 않았다. 어리둥절한 마음에 이게 말로만 듣던 가위눌림인가 싶어 열심히 귀신을 찾았지만 있을 리 만무했다. 몸을 비틀어 침대에 걸터앉아 발가락을 꼼지락거려 봤다. 움직이지 않았다. 숨을 크게 들이쉬고 온 힘을 다해 일어서 보았다. 그러나 나는 끈 떨어진 인형처럼 추락할 뿐이었다. 바닥에 엎드려 허허 웃던 나는 머쓱한 말투로 119에 전화를 걸어 응급실에 실려 갔다.

병실에 누워 있으니 많은 생각이 들었다. '앞으로 다리가 안 움직이면 어쩌지? 음, 내 인생에 다리는 없어도 괜찮을 것 같아. 법학과 심리학, 두 학문 모두 다리가 꼭 필요한 건 아니잖아? 그래도 다시 걸을 수 있다면 후회 없는 삶을 살자. 아니 못 걸어도 후회 없는 매일을 살자'

거창한 다짐이 무색하게도 마비는 한나절 만에 풀렸다. 덕분에 그동안 찾지 못한 갑상샘항진증이라는 병도 발견하게 되었다. 몇 년간 원인을 몰라 지지부진하던 치료는 효과적으로 바뀌었고 건강은 놀라울 정도로 빠르게 회복되었다. 그렇게 나의 고군분투기는 천천히 막을 내렸다.

건강 문제는 잘 해결됐지만 당시의 고민과 배움은 여전히 내게 남아 있다. 그날 이후 나는 가끔 스스로에게 했던 질문들을 다시금 하곤 한다. '무엇이 나를 힘들게 하는가? 나의 내면의 부족함은 무엇인가? 그렇다면 어떻게 해결하고 더 성장할 것인가?'

그러다 보면 새삼스레 나의 부족한 부분들을 발견하게 된다. 이를 기초로 로스쿨 생활 중 나만의 스트레스 관리법을 만들었고 친구들과 마음속 이야기들을 나누며 함께 나아가는 경험도 했다. 건강이 무엇보다 중요하다는 생각에 헬스도 열심히 해 한때는 3대 420까지 달성했다. 나는 봉사 활동으로 내면의 힘을 상당히 채울 수 있는 사람이었기에 아동 관련 활동들을 한 것도 주요했다. 당장 내일 죽음이 내게 찾아오더라도 후회 없다는 생각이 드는 것을 보니 그날의 다짐 역시 잘 지켜진 것 같다.

대학 시절의 진로 활동, 대·내외 활동, 동아리 활동 등은 모두 귀중했지만, 나에 대해 고민하고 성장했던 나날들은 더욱 특별하다. 굳이 나의 고군분투기를 공유하는 이유는 누군가는 나와 같은 어려움을 겪지 않고도 성장할 수 있다고 믿기 때문이다. 그때의 질문을 당신께 드리고 싶다.

    나는 무엇을 위해 살아가는가?
    나는 어떤 부족함을 갖고 있는가?
    그렇다면 어떻게 해결할 수 있을까?

  여전히 어렵고 평생을 고민해 나가야 할 질문들이지만 돌아보니 이에 답하는 과정은 언제나 나를 성장시켰다. 이제는 힘들었던 날들이 조금은 성숙한 오늘을 만들어 준 것 같아 감사하다.

아프리카에서 살아남기

● 박덩이

| 신념을 갖고 버틴 아프리카 적응기

 탄자니아에서 사업을 시작하게 된 것도, 15년째 한국으로 돌아가지 않고 사업을 유지하는 것도 모두 하나의 신념 때문이다. 처음 탄자니아에 간 것은 봉사단과 함께였다. 봉사단의 목적은 포용과 상생, 세계 평화 증진이었다. 하지만 나는 최고의 사회공헌은 양질의 일자리를 장기간 제공하는 것이라는 것을 깨달았다. 그리고 '내가 바로 좋은 일자리를 제공하는 사업가가 될 것이다'라는 신념을 갖고 지금까지 사업을 이어오고 있다.

 봉사 단원으로 3년을 지내면서 많은 걸 느꼈다. 많은 단체가 현지인들에게 다양한 것을 지원해 준다. 하지만 지원한 물품이 분실되거나 금방 손상되는 경우를 많이 봤다. 어느 순간 당연히 받아야 한다고 생각하고 행동하는 현지인들의 모습을 보니 아쉬움이 컸다.

탄자니아에서 "Naomba(나 좀 줘)!"라는 소리를 많이 듣는다. 가끔은 지겨울 정도로 말이다. 어렸을 때 과자를 사서 온 친구에게 "나 좀 줘! 나 좀 줘!" 했던 기억들까지 소환되며 그때 친구가 얼마나 힘들었을까 하며 반성했다. 내가 연발한 말이 지금 나한테 돌아오고 있는 것일까?

심지어 대학교수 중에서도 봉사 단원인 나에게 자주 돈을 빌리던 분이 있었다. 러시아 유학파셨던 교통 과목 교수는 한화로 1, 2만 원씩 빌려 가 맥주를 사 드시곤 했다. 물론 빌려드린 돈이 돌아온 적은 한 번도 없었다. 나중에는 나도 약이 올라 교수님 단골 술집에 교수님의 이름으로 외상을 달아두고 나오는 방법으로 돈을 받아내었다.

코이카 봉사 단원으로 3년을 살아서인지 그들은 나와 눈만 마주치면 "Naomba!"라 외친다. 집까지 졸졸 따라와서 뭐라도 하나 받아 간다. 꼬마들은 사탕 한 개씩, 일명 소다 아저씨는 소다 한 병을, 그리고 교수 아저씨는 맥주까지. 매번 받기만을 원하는 이곳에서 나는 그들이 직접 일을 해 자립하도록 일자리를 만들어 주고 싶었다. 봉사단으로 3년을 채우면 결국 나도 떠난다. 현장 지원 사업도 지원이 종료되면 관리가 어려워진다. 10년은 계속될 것 같은 지원 사업도 어느 순간 종료되고 철수하는 경우가 많았다. 결국 현지인들에게 필요한 것은 자립할 수 있는 양질의 일자리다.

내가 운영하는 회사는 현재 직원만 15명이니 딸린 가족까지 약 60명의 삶을 책임지고 있다. 자리가 사람을 만든다는 말도 있지 않은가? 내가 사업을 하고 대표가 되니 무한한 책임감이 생겼다. 나는 다짐하고 또 다짐한다. 진짜 제대로 된 사회공헌은 양질의 일자리를 제공하는 것이고 그 일은 나 같은 사업가가 할 수 있다고 말이다. 이것이 바로 내가 아프리카에, 탄자니아에 있는 이유이다. 직원들 스스로 자부심과 소속감을 느끼고 일하는 모습을 보면 뿌듯하다. 게다가 사업을 처음 시작할 때부터 함께했던 직원이 지금까지도 함께 일하고 있으니 감사하다. 이제는 나 없이도 굴러가는 회사를 만드는 것을 목표로 직원들과 함께 나아가고 있다.

내가 죽었다가 깨어나도 칼 같이 지키는 것이 있다. 바로 우리 직원들 월급날이다. 연말연시 행사에서 10년 근속한 직원의 소감을 들었다. "대표님이 잔소리를 많이 해요. 그런데 잔소리 값으로 월급은 꼭 주세요" 맞다. 다른 건 몰라도 약속한 돈은 꼭 제때 주고 싶었다. 그렇다 보니 월급날에 대한 부담이 가장 크다. 직원은 월급날을 가장 기다리지만 대표는 월급날이 가장 두렵다. 월급 다음

날이 결근율이 가장 높다는 것을 아는가. 월급을 받은 동시에 말없이 출근하지 않는 직원들도 있었다. 그래서 우리는 2주 지급을 시행하였다. 2주 급여 지급을 시행한 후에는 결근율은 떨어지고 급여를 받는 직원들도 좋아했다. 나도 한 번에 목돈이 나가는 것보다 두 번에 걸쳐 지급하니 부담이 줄었고 약속된 날짜에 돈을 정확하게 지급할 수 있었다. 정말 어렵고 힘들었던 코로나 시기도 코로나 감염으로 인한 휴무 2주 빼고는 전 직원들이 함께 일했다. 그렇게 포기하지 않고 버텨냈다.

| **진심이 허문 '이방인'이라는 벽**

사실 사업 초기에는 사람들이 나를 수염도 없는 동양인 치나(중국인을 나타내는 은어), 어린 애송이 정도로 만만하게 보았다. 현지 사정을 모르니 자동차 정비소 터도 일부러 비싼 곳만 골라 보여주었고, 다른 부동산 중개업자를 이용해 거래했더니 성사가 되지도 않은 거래에 대한 수수료를 요구하며 동네방네에 나를 나쁜 치나로 떠들고 다녔다.

그렇기에 이런 상황에서 만나게 된 소중한 직원들이 너무나 고마웠다. 나에게는 직원들에게 고마움을 표현하는 나만의 방법이 있다. 우리 회사는 직원의 생일을 챙기지 않는다. 대신, 내 생일에 모든 직원에게 선물을 준다. 사업 초기, 외국에서 생일을 맞이하니 무척 외로웠다. 부모님 생각도 났다. 그래서였을까. 내 생일을 모든 직원의 생일처럼 만들어 주고 싶다는 생각이 들었다. 우리 회사에서는 내 생일이 되면 직원들이 선물을 한 아름 가지고 퇴근한다. 이렇게 내년 생일 그리고 그다음 해 생일을 챙겨야지 하는 마음이 이곳에 15년째 남게 된 이유 중 하나다.

얼마 전 오래 근무한 직원에게 차 한 대를 명의 이전해 줬다. 여권을 발급할 경제적 여유가 없는 직원에게 여권을 만들어 주고 함께 해외 출장을 다녀왔다. 실적으로 매번 1등을 하는 직원에게는 최신형 핸드폰을 선물로 주었다. 그런데도 여전히 우리 회사는 과도기이다. 파트너가 된 현지 직원이 아파서 2주간 자리를 비웠더니 타격이 컸다. 그래도 그 빈자리를 채우기 위해 다른 직원들이 열심히 일해주었다. 그 덕분에 큰 어려움 없이 탄자니아에서 케냐로 사업 확장을 계속 진행할 수 있었다. 앞으로도 더 좋은 일자리를 제공해 주는, 더 멋진 생일 선물을 챙겨주는 회사를 직원들과 함께 만들고 싶다. 얼마 전 외주사 의뢰로 특별 업무를 맡아 지방으로 출장을 다녀온 직원이 생각보다 많은 금액을 받았는지 "보스 마셔!" 하며 통 크게 맥주 한 짝을 사 왔다. 나는 더는 '치나'가 아닌 '보스'로 불린다.

| 탄자니아에서 15년을 살았지만
  나는 아직도 배운다

탄자니아가 언뜻 보면 단순해 보여도 매번 새로운 일이 생기는 곳이다. 한국 사회처럼 새로운 유행어도 생기고 제도도 바뀐다. 변화하는 것을 따라가려면 바쁘다. 그래서 난 여전히 전문가라고 자신할 수 없다. 늘 항상 배워야 한다는 생각으로 살아가고 있다.

나에게 아프리카 탄자니아는 감성팔이나 콘텐츠 팔이의 장소가 아니다. 잠시 잠깐의 여행 후기로 한정 짓거나 이색적인 풍경 혹은 자극적인 장면으로 제한할 만한 공간이 아니라는 뜻이다. 내게 탄자니아는 치열한 생존과 책임의 공간이고 늘 새롭게 변하는 장소이다.

탄자니아와 케냐에는 많은 여행객이 방문한다. 한국의 유튜버에게는 탄자니아의 이색적 풍경과 동물의 왕국 '세렝게티' 그리고 아프리카의 흑진주 '잔지바르섬'이 인기다. 하지만 그 와중에도 탄자니아의 열악한 모습만 찾거나 지나치게 연출된 장면을 카메라에 담아가는 이들이 있다. 그런 모습을 보면 눈살이 찌푸려진다. 왜냐하면 그들이 담아가는 건 아프리카의 전부가 아니기 때문이다. 사람들이 그것을 아프리카 전부로 여길까 염려된다.

그래서 나는 탄자니아를 바르게 알리는 것이 중요하다고 생각한다. 나와 직원들은 여행객이 올 때마다 탄자니아를 바르게 알리자고 약속한다. 손님들이 오면 직원들과 함께 인터넷 블로그 포스팅이나 SNS 게시글의 내용을 숙지한 후 팩트를 체크하고, 잘못된 표현이 있지는 않은지 꼭 확인한다. 특히 새롭게 바뀐 내용이나 잘못된 수치 등은 꼭 메모해 둔다. 언제 어떤 질문이 나올지 모르기 때문이다. 이러한 내용을 바탕으로 여행객분들이 쉽게 접하는 유튜브나 블로그에 소개된 탄자니아의 모습과 사실이 어떻게 다른지 설명해 드리면 다들 아주 만족하신다. 그래서 탄자니아에 살게 된 지 15년이 지난 지금도 항상 변화에 민감하게 반응하려 노력하고 있다.

| **사업의 어려움,**
멘토의 도움으로 성장하다

탄자니아에서 나는 급작스러운 경영 위기로 사업을 한 번 접어야 했던 적이 있다. 모든 정성을 다 쏟아부었으나 여러 사정으로 인해 돈을 빌릴 곳이 없었다. 무엇보다 사업 실패를 인정하기가 가장 힘들었다. 당시 한국에서는 청년 창업 및 재창업 활성화가 붐이었지만 해외에서 특히, 탄자니아에서 사업하는 청년에게는 더더욱 그런 혜택이 해당하지 않았다. 그때 '글로벌한상드림의 청년 꿈 지원 사업'을 우연히 발견하게 되었다.

사업이 실패한 극악한 상황에서도 주변의 도움을 받아 지원서를 작성했다. 서류 전형을 통과했으나 면접이 남아 있었다. 분명 온라인으로 면접을 보는 것보다 대면 면접을 보는 것이 유리하다고 생각했다. 수중에 돈도 없고 더는 물러설 곳도 없으니 너무나 힘들었지만 한국으로 한번 가보자고 생각했다.

탄자니아에서도 자동차 정비 사업을 위해 50여 군데를 돌아다닌 끈기로 항공권을 수소문했다. 다행히도 친분이 있는 카타르 항공 태국인 승무원에게 부탁하여 버디 티켓(친구나 가족에게 제공되는 티켓)을 구해 한국에서 면접을 볼 수 있었다. 간절한 상황 때문이었을까? 너무 긴장해서인지 면접이 주는 압박감은 무지막지했다. 내가 비록 사업은 실패했지만 잘못된 사람이 아니라는 믿음과 절실함으로 최종 합격할 수 있었다. 이후 청년 꿈 지원금을 통해 탄자니아의 사업은 회생할 수 있었고 인적 네트워크와 좋은 멘토까지 얻을 수 있었다.

글로벌한상드림을 통해 재외 동포 경제인 '한상'으로 크게 성공하신 CEO와 인연이 생겼다. 전 세계 재외 동포 경제인들과 알게 되면서 그분들에게서 듣는 실패 및 성공 이야기들이 나에게 큰 본보기가 되었다. 여러 재외 동포 한인들과 인연을 쌓았고 그 지혜와 경험으로 성장할 수 있었다. 다양한 네트워크를 통해 사업이 확정되고 연결되기 시작했다. 가끔 연락드리는 회장님께서 하시는 말씀이 있다 "덩이는 참 우는소리를 안 해" 그렇다. 아직 모든 것이 어렵지만, 반드시 자신에게 주어진 인적 네트워크를 소중하게 생각하길 바란다.

글로벌한상드림의 멘토로부터 맞춤형 코칭을 받으며 회사 운영에 필요한 개선점을 발견할 수 있었다. 내가 코이카 봉사 단원 출신이다 보니 나도 모르게 사업이 아니라 봉사를 하고 있었던 것이다. 매번 "형제님" 하며 찾아오는 선교사들이 있었고 사역이 이러이러하니 차량 수리비를 깎아 달라는 경우도 있었다. 심지어 리프트가 있는 우리 정비소에서 리프팅하여 수리 견적을 받은 후, 가격이 저렴한 로컬 기술자를 자기 집으로 불러 수리하는 선교사도 있었다. 한국에서 가져온 케이블 타이와 목장갑을 말없이 가져가는 사람도 있었고, 컨테이너에 실려 어렵게 탄자니아로 온 친할머니표 스테인리스 김치 믹싱볼과 가구들은 언제나 선교사들에게 Naomba(나 좀 줘)!의 표적이 되었다. 사업을 하겠다고 해놓고 무료로 수리를 해주거나 낮은 인건비로 일을 했다.

맞춤형 코칭을 통해 거절을 배우고 수익이 발생하지 않는 서비스는 과감하게 제거했다. 또한 수익을 높이는 사업 아이템을 찾아 개선했다. 나를 괴롭히는 몇몇 악성 고객들의 전화번호는 지워버렸다.

특히, 정비 사업을 기반으로 자동차 렌트 사업을 확장한 것은 수익 상승에 크게 이바지했다. 드림코칭에서 듣게 된 금호그룹의 사업 확장 스토리를 통해 나 역시 연계 사업을 추진한 것이다. 고장이 자주 발생하는 차량 부품을 기록해 미리 부품을 준비했고 신속하게 수리하여 차량이 고객에게 납품되도록 했다. 운전기사에게도 기본 정비 기술을 가르쳐 만약의 상황을 대비할 수 있도록 하였다. 우리 회사의 신속 정확한 서비스가 현지 다른 회사와 차별화될 수 있도록 하여 고객 만족도를 높였다. 이러한 서비스 만족도가 입소문이 나면서 단기 렌트 위주로 진행되던 계약이 장기 렌트 계약으로도 이어졌다.

탄자니아에서 살아남게 된 또 다른 이유는 이 글의 공동저자인 드림서포터즈 동문이 있었기 때문이다. 해외에 오래 거주하게 되면 출국한 시기에 나의 시간이 멈춰 있다는 말을 하곤 한다. 나는 2009년에 출국했으니 그 이후의 유행에 대해서는 전혀 알지 못한다. 하지만 온·오프라인으로 드림서포터즈 동문을 만나면서 같은 시대를 살아가는 청년으로서 많은 것을 배웠다. 그리고 어느덧 나는 동문 사이에서 누나 한 분을 제외하고는 제일 큰 형, 큰 오빠가 되었고, 이제는 삼촌뻘이 되는 것 같아 왠지 머쓱하다. 비록 나는 해외에 머물고 있지만 늘 소속감을 느끼고 함께하는 청년들과 공감하고 격려하는 것이 큰 힘이 되었다.

온라인으로 인사하는 것이 다지만 드림서포터즈 동문으로 인사를 하면 모두가 늘 나를 반갑게 맞이해 주었다. 해외에 오래 나와 있다 보니 한국에 친구도 없고, 궁금한 것도 많지만 물어볼 데가 없었다. 그때마다 드림서포터즈 선후배들에게 이것저것 묻고 듣다 보면 부끄러움도 잊게 되었다. 다양한 전공을 가진 청년들과 대화를 나누다 보면 창의적인 생각도 배우게 된다. 한국에 가면 늘 나를 반갑게 대해주고, 탄자니아에서는 정말 먹기 힘든 막걸리 한 잔 나눌 수 있는 드림서포터즈 덕분에 한국에 가는 재미가 있다. 지금도 1기 드림서포터즈 친구들과 함께 찍은 사진을 액자에 담아 소중하게 가지고 있다.

| 해외 거주를 고민하는 분들에게 전하는
  지극히 개인적인 조언

지극히 개인적인 경험이지만 해외 생활에서 마주하게 되는 사람들과의 관계에 대해 꼭 이야기하고 싶다. 해외 생활을 하다 보면 외로움으로 인해 관계가 중요하면서도 어려워진다.

특히 재외 동포들끼리 모인 자리에서는 때때로 말이 와전되는 때도 있다. 그렇기에 중재자 역할이 중요하다. 작은 사회이기 때문에 무작정 갈등에 대해 어느 한쪽 편을 드는 것보다는 중간 역할이 좋다. 인사불성이 될 만큼 마신 술로 인해 생길 수 있는 실수들은 더더욱 조심해야 한다. 아침이 되면 '내가 왜 그랬지?' 하며 이불 킥을 해야 하는 일이 일어날 수 있다. 한인사회는 굉장히 좁아서 매일 얼굴을 마주해야 한다. 이 글을 통해 중립적 입장으로 응대한 나의 언행에 서운했을 분들께 아쉬움을 전하고 싶다. 언젠가 기회가 된다면 모두 함께 모여 다시 웃으며 지내길 바라며 안부를 전한다.

한국과 비교해서 해외는 퇴근 후 상대적으로 시간 여유가 있다. 그 여유 시간에 할 수 있는 건전한 취미 활동이나 자기계발을 하는 것을 추천한다. 가끔 주변에서 술과 도박에 빠지는 사례를 종종 보았다. 이렇게 되면 어렵게 공들여 쌓은 탑이 금세 무너진다. 탄자니아에 온 한 외국인 친구가 있었는데, 어느 순간부터 주말마다 클럽과 카지노를 가기 시작했다. 어느 날은 전화로 자기를 데리러 와 달라는 연락이 왔다. 왜 그런가 했더니 카지노에서 5,000달러(탄자니아 현지인 월급 기준 약 5년 치 연봉)의 현금을 다 잃고 신용카드까지 모두 긁었던 것이다. 해외 생활에는 많은 유혹이 있다. 카지노, 문란한 성생활, 마약 등을 한국에 비해 쉽게 접할 수 있다. 그렇기에 반드시 나만의 건전한 취미와 자기계발이 필요하다. 이를 위해서는 무얼 하면 좋을까?

첫째, 공부를 하자! 사이버 대학교 진학을 추천한다. 탄자니아도 15년 전이 비해 인터넷 환경이 매우 좋아졌다. 인터넷 강의를 볼 때 약간씩 끊김이 있긴 하지만 저화질로 시청하면 안정적으로 수업을 받을 수 있다. 나의 경우 사업이 다각화되며 많은 부족함을 느껐다. 경영 수업을 받으면 사업에 많은 도움이 될 것 같아서 사이버대학교에 진학했다. 실제로 경영 수업에서 다양한 이론과 사례를 공부하니 사업 운영에 유익한 점이 많았다.

둘째, 운동을 하자! 탄자니아에서 한인 청년들을 모아 축구팀을 만들었다. 또한 탄자니아에는 여러 국가에서 온 청년들이 있기에 그들과 함께 글로벌 교류도 하고, 소위 월드컵도 진행했다. 토요일마다 축구를 하며 지냈고. 남녀노소 모두가 함께 모여 운동도 하고, 식사 및 교류하는 시간을 가졌다. 해외에 오래 거주하면 건강이 매우 중요하기에 꾸준히 운동하기를 추천한다.

탄자니아는 아마 세계에서 제일 저렴하게 골프를 칠 수 있는 곳이 아닐까 싶다. 18홀 기준으로 한화 2만 원, 캐디 피는 약 1만 원 정도라 총 3만 원이면 골프를 즐길 수 있다. 사업상 미팅을 하면 골프가 아주 중요하기에 상대적으로 물가가 저렴한 국가에 거주한다면 골프를 할 것을 추천한다. 함께 골프를 치면서 친밀감이 형성되고 사업 논의도 활발하게 이루어진다. 그리고 골프에서는 예의와 매너가 중요하기에 꼭 프로에게 배우는 것이 좋다.

셋째, 진취적이고 건전한 활동을 찾자! 개발도상국에는 많은 NGO가 파견되어 여러 프로젝트가 진행된다. 지금도 크고 작은 NGO들이 파견되어 탄자니아 지원 사업을 진행하고 있다. 그러니 많은 사업 중 나의 재능과 노력으로 참여할 수 있는 사업에 참여하는 것을 추천한다. 나는 모 NGO 단체 단기 봉사단에서 체육 실기 강사로 활동하며 중등 청소년을 가르쳤다. 이를 통해 학교에서 필요한 기자재 지원 사업을 발굴하여 뿌듯함을 느꼈고, 더 나아가 탄자니아 청소년들의 성장에 도움을 주는 보람도 느낄 수 있었다.

대기업을 포기하고 NGO로 가다

● 윤준필

| 나는 '빚진 자'다

학교에서 내가 제일 싫어했던 말은 "부모님 모시고 와라"였다. 나는 그럴 때마다 우리 집은 맞벌이라 어머니께서도 바쁘시다는 거짓말로 순간을 모면했다. 이유는 간단했다. 우리 부모님께서는 몸이 불편하셨고, 어린 내게 이를 표현하는 것은 벅찼기 때문이다. 부모님과 함께 외출할 때면 사람들은 안타까운 시선으로 나를 쳐다보았다. 친구들과 길을 가다가 멀리 있는 부모님을 우연히 보기라도 하면 모른 척 다른 방향으로 친구들을 이끌었다. 어린 시절은 이렇게 못난 모습이 있었다.

좋은 사람들 덕분에 나는 못난 모습을 이겨내고 올바르게 성장할 수 있었다. 정말 좋은 어른을 만났다. 좋은 어른들은 나의 자존심이 무너지지 않게 굉장히 섬세하면서도 조용히 대화를 이끄셨다. 동시에 보이지 않는 손으로 도움을 주셨다. 내 가슴에 울림을 주는 깨달음과 실제 진로 결정에 있어 아주 구체적인 방법(추천서, 장학금 등)을 제시해 주시기도 했다. 나의 감정에 공감해 주시는 것은 물론이었다. 사춘기 시절 함께 사귀었던 친구들 역시 그런 나를 넉넉히 인정해 주었다. 그 과정에서 나의 자존감과 정체성이 건강하게 성장했다. 돌이켜 보면 참 감사한 일이다. 만약, 내게 영적, 지적, 감성적으로 '울림'을 주는 말과 글 그리고 사람들이 없었다면 지금의 나는 어떤 모습이었을까?

그렇게 나는 '빚진 자'가 되었다. 친구들의 넉넉한 포용과 좋은 어른들의 섬세한 배려, 그리고 도움을 주는 다양한 사회 기관과 제도들로 인해 받은 것이 너무나 많았기 때문이다. 그래서 나 자신을 '빚진 자'라고 표현하며 살아왔고, 내 마음 한편에는 항상 고마움과 부채 의식이 자리 잡고 있었다. 누군가는 지원과 함께 요구받는 감사를 불편해했지만 나는 감사하며 언제나 최선을 다하며 살았다. 받은 빚을 갚으면서 누군가에게 도움을 주는 사람이 되겠다는 마음으로 노력했다. 그렇게 여러 대기업에 합격했고, 내가 가고 싶은 곳을 선택하는 운도 따랐다.

그렇게 첫 직장에 출근해 받은 첫 월급의 많은 부분을 내가 성장할 수 있도록 도와준 곳에 기부했다. 버는 족족 순차적으로 기부를 했다. 동시에 기업 인사팀 직원으로서 직장 안팎의 진로를 고민하는 청년들이 자신의 길을 찾아가도록 도와주는 것에 보람을 느꼈다.

| Copy 인생은 No!

"준필 씨, 식사나 할까?" 어느 날 전화 한 통이 걸려왔다. 전 주중대사 권병현 님, 나의 청년 시절 멘토이자 나의 두 번째 직장 대표님의 전화였다. 평소 존경하던 어른이라 반갑게 식사에 응했다. 당시 나는 금호아시아나그룹 ㈜금호산업 인사팀에 재직 중이었다. 그분은 식사 자리에서 당시 잘나가려던 대기업의 인사팀 직원인 나에게 미래숲(사막화 방지를 위해 중국 내몽고에 나무를 심고, 청년 인재를 양성하는 목적을 가진 NGO)의 팀장 자리를 제안했다. 나는 거절했다.

두 번째 만남은 선배를 만나러 간 자리에서 이루어졌다. 그 자리에 권병현 대사님이 나와 계셨다. 순간 이것이 집요한 외교관의 모습인가 싶었다. "준필 씨, 사회에 빚진 것을 갚아야 하지 않아?" 나는 그때 이렇게 답했다. "대표님, 제가 경제적으로 부유한 집안에서 태어나지 못했습니다. 분명 사회로부터 많은 도움을 받았기에 언젠가는 사회를 위해서 갚을 생각은 하고 있습니다. 하지만 지금은 아닙니다. 아직은 회사에서 일하는 게 재밌어요. 죄송합니다"

세 번째 만남에서는 결국 내가 졌다. 2009년 송년회 자리였다. 선후배 간의 친목을 다지는 자리에서 흰 백발의 그분이 나에게 막걸리 한 잔을 따르시면서 말씀하셨다. "남들 사는 대로 살면 인생이 카피 인생이지, 재미없잖아? 준필 씨는 그런 거 재미없잖아!" 그해 겨울은 내가 지금의 룸메이트(내 휴대폰에는 아내가 룸메이트로 저장되어 있다)인 여자친구와 교제하면서 결혼을 꿈꾸기 시작했던 시기였다. 결국, 나는 나의 여인을 찾아갔다. 그리고 이직 고민을 나눴다. 여자친구의 승인으로 이직을 했고, 그 뒤로 글로벌과 인재 양성을 화두로 '업(業)'을 이어가고 있다.

수많은 어른이 내가 성장하는 데 큰 영향을 주셨다. 그분들의 공통점은 나 자신만의 삶을 살아가는 데 큰 힘과 용기를 주셨다는 것이고, 또 다른 하나는 장학금, 대학원 진학, 문제 해결 방법론 등 굉장히 현실적인 방법과 구체적인 도움을 주셨다는 것이다.

나는 사람이 성장하는 일에 깊은 관심이 있다. 영적인 울림-사람이든 글이든 가슴속에 큰 감동을 주는-을 통해 인해 한 청년의 인생이 바뀔 수 있다는 것을 직접 체험했기 때문이다. 그래서 나도 누군가에게 '울림'을 줄 수 있다면, 나아가 그것을 업으로 삼으면 행복하겠다는 생각이 늘 마음 한편에 자리 잡고 있었다.

| 또 다른 길의 시작

　내 인생의 키워드는 세 가지로 정리할 수 있다. 내가 사회와 앞선 세대로부터 받은 것이 너무 많기에 갚아야 한다는 다짐. 그리고 내가 좋아하고 잘하는 분야인 '글로벌'과 '인재 양성'. 이 세 가지를 융합해서 아이디어를 내보면 남들이 살지 못하는 나만의 인생을 살 수 있겠다고 생각했다. 그 당시에는 누구도 다음 세대에 다양한 가능성을 제시하는 일을 '업'으로 하지는 않았다. 즉, 나에게 주어진 사회 속 사명과 내가 좋아하고 잘하는 분야를 잘 섞어본다면 나름 나만의 삶을 살 수 있겠다고 판단했다.

　그래서 이직한 산업 분야가 NGO(제3 섹터)였다. 특히, NGO 중에서는 국제교류와 인재 양성을 전문적으로 하는 곳이 없어서 그쪽을 발굴하며 소위 뼈를 갈아 넣었다. 지금은 정부 부처, 공공기관, 민간단체에서 국제교류를 활발하게 진행하지만 내가 대학생 때는 그렇지 않았다. 다른 책에서도 밝힌 바 있지만 대통령 리더십에 따른 정부의 세계화와 더불어 대외 활동이 막 활성화되려는 시기였기 때문이다. 나는 이 글을 읽는 분들이 익히 알만한 국제교류 프로그램(청년 국제교류, 농인 국제교류, 학교 간 교류 등)을 처음으로 기획하고 운영했다. 한창 열심히 활동할 때 1년 중 4개월은 호텔에서 지냈고, 지금은 재외 동포 청소년 모국연수 사업에 참여 중이라 호텔 방과 KTX 열차 안에서 이 글을 쓰고 있다.

현재 재외 동포 경제인(한상: 韓商)이 차세대 한민족 인재 양성을 위해 설립한 공익법인의 사무국장으로 일하고 있다. 그리고 이곳에서 만난 청년들과 함께 이 책의 공동저자로 활동하게 되었다. 어떤가? 나만의 삶 속에서 다음 세대들을 위해 내가 받은 것을 글로벌하게 갚고 있지 않은가?

앞으로도 또 다른 길과 세상이 주어진다면 나는 주저하지 않고 도전할 것이다. 우리의 인생에는 겪어보지 못한 놀랍고 흥미로운 이야기가 기다리고 있다고 믿어 의심치 않는다. 정답은 없다. 선택만이 있을 뿐이다. 우리가 잘해야 하는 것은 '선택' 자체가 아니라 내가 선택한 길을 '바르게 만드는 수고와 노력'이다. 그 노력에 최선을 다했다면 후회하지 말고 또 다른 선택을 하면 된다. 선택과 책임이 반복되는 것이 바로 인생이다. 저와 여러분 모두 파이팅!!!

5

찐 어른이 답해주는, 20대의 FAQ (윤준필)

국제교류 프로그램과 진로취업 교육 그리고 장학(獎學) 사업과 장업(獎業: 장학은 배움을 장려한다는 뜻이고 장업은 청년의 업을 장려한다는 뜻이다. 나는 장업을 활성화해야 한다고 생각한다) 사업을 하면서 많은 청년을 만났어. 프로그램이 진행되면서 청년 및 대학생들과 다양한 대화를 나눌 시간이 많았지. 책상에서 일만 할 수는 없잖아. 식사하면서 가볍게 나눈 이야기도 있고, 정식 코칭을 통해 깊이 있는 대화를 나누기도 했지. 이 책의 공동저자들도 글로벌한상드림(재외 동포 경젱인 한상이 설립한 인재양성 공익법인)에서 만난 청년들이란다.

질문과 응답의 선정 기준은 다음과 같아. 청년들과 나눈 대화 중에서 질문의 모양은 다른데 본질은 같은 질문. 그리고 최근 관계로 인해 어려워하는 청년들의 질문을 많이 받았어. 두 가지를 함께 반영해서 간단하게 정리해 봤으니 도움이 되었으면 좋겠다.

Q. 경쟁에서 낙오되었을 때 자신을 지키려면?

"전형에 지원해 주셔서 고맙습니다. 아쉽게도 이번 전형에 불합격하였습니다"

"윤 팀장님, 처음 계획했던 방송과 다르게 진행될 것 같습니다. 저희가 먼저 출연 요청을 해놓고 정말 죄송합니다"

고요와 침묵이 흘렀어. 나도 나름 많은 사람을 만나면서 순간순간 대처하는 노하우가 있지 않겠어? 그런데 그 순간에는 아무리 애를 써도 어찌해야 할지 모르겠더라. 그 와중에도 자존심이 있으니 전문가다운 모습을 보이거나 다른 일정이 있다며 있어 보이는 척을 해야 했지. 사실 방송 출연 섭외가 왔을 때, 가족들에게 자랑삼아

알렸거든. 기대와 흥분이 된 것도 사실이었어.

섭외 취소 전화를 받고 고요한 침묵을 지킨 후 정신을 차리는 데 온 집중을 했어. 나의 모든 매너와 교양을 끌어서 "알았어요. 다음에 더 좋은 기회가 있겠지요" 하고 전화를 끊었어. 사실 혼자 밖에 나가서 욕했어. 다른 친구들에게 코칭을 해줄 때는 "쓸데없는 에너지를 쓰지 말라고 했잖아"라고 했지만 나 대신 누가 방송에 출연했는지 추적하는 데 시간을 보냈어. 그분의 SNS를 보니 방송 출연 사진이 있더라고. 사실 나보다 유명하고 뛰어난 사람이었어. 결국 "윤준필 씨는 자격이 안 돼요"라는 말이었던 거지.

스티븐 코비의 저서 『성공하는 사람들의 7가지 습관』의 일부를 인용해 볼게.

> 대부분 사람은 내가 결핍 심리라고 지적하는 사고방식에 절어 있다. 그런 사람들은 인생에는 오로지 하나의 파이만 있다고 생각하며, 더 많은 파이를 차지하는 것을 인생이라고 여긴다. 어떤 사람이 많이 차지하면 다른 모두는 적게 차지하게 된다.

내가 이루고 싶은 꿈과 소원이 희소하고 제한되어 있다면 나를 제외한 다른 사람은 모두 내 성공을 위협하는 경쟁자가 되는 거야. 다른 사람이 기회를 잡으면 나에게는 그만큼 기회가 줄어들겠지?

여기서 오는 두려움과 질투심이 과연 건강한 마음일까?

실패한 원인과 역사를 교훈으로 삼는 일은 중요해. 대신 지금의 실패가 미래의 실패로 반드시 이어진다는 생각은 버렸으면 좋겠어. 과거의 문제에 너의 삶이 묶여 있지 않도록 해봐. 내 방송 출연이 좌절되었다고 해서 다른 방송에도 못 나간다는 뜻은 아닐 거야. 얼마 지나지 않아 『국방TV』에 지금은 고인이 되신 차동엽 신부님과 함께 1인 토크쇼에도 출연했으니까.

좌절에서 빠르게 벗어나기 위해서는 '왜'보다 '무엇'을 질문해 보렴. 평소에는 '왜'라는 질문을 많이 하라고 했잖아. 그런데 낙심하고 있을 때는 '무엇'을 질문하는 게 오히려 유익해. 예시 질문이야. 질문에 대해 다양한 언어로 노트에 쓰거나 답변을 실천해 봐.

> A. 지금 나의 부정적인 감정 혹은 버려야 할 감정은 **무엇**인지 써봐.
> B. 더 나은 모습을 보이려면 **무슨 준비**를 해야 할까?
> C. 이번 사건의 교훈은 **무엇**이지?
> D. 현재 내가 가장 잘할 수 있는 일이나 취미 활동이 **뭐였지**?

이런 질문들을 활용하면 좀 더 쉽게 상황에서 벗어날 수 있을 거야. 지인들과의 수다를 핑계로 다른 사람을 비방하거나 남의 탓으로 시간을 보내는 것보다 훨씬 유용할 거야.

 가능하다면 SNS는 하지 않는 게 좋아. SNS에 남기는 글과 감정을 보면 그땐 맞고 지금은 틀린 경우가 많아. 오늘 내가 표현했던 감정과 반응이 내일은 후회로 돌아올 때가 많아. SNS는 너에게 관대한 공간이 아니란다.

 누군가를 위로한다는 마음으로 글을 쓰더라도 독자는 다른 맥락과 상황 속에서 내 글을 읽고 시비를 걸기도 해. 다양한 사람이 많은 게 현실이거든. 이런 글을 보게 되면 더더욱 실패의 상황에서 벗어나기 힘들어.

 반대로 너에게 위로가 되는 글만 본다면 너의 감정이 곡해될 가능성이 커진단다. 솔직한 감정을 표현하기 어려워질지도 몰라. 위로와 공감을 받기 위해 상황을 과장하거나 거짓말하는 것은 피하는 것이 좋아. 정말 도움이 필요하다면 내면의 성숙함을 가진 멘토나 선생님을 찾아가 이야기 나누는 것이 좋을 것 같아.

Q. 잘하는 게 없는 나, 어떡하죠?

"학과에서 보면 소위 잘나가는 친구들이 대외 활동도 계속 합격하고 해외도 다녀오고 그래요. 저만 계속 불합격하니까 좀 그래요. 선배들이나 친구들은 자기 이야기를 솔직하게 쓰라는 하는데 저는 잘 모르겠어요. 대외 활동이나 외부 장학금을 받는 친구들을 보면 어쩜 저리 자신감도 넘치는지 이해가 안 돼요. 자존감도 떨어지고요"

우리 먼저 개념 정리를 해보자. 대외 활동 혹은 토익 성적 같은 특정 분야에 대한 자신감이 없다는 것은 자존감이 아니라 자기효능감의 영역이란다. 자존감은 너 자신을 향한 존중에 대한 것이지. 다시 말해, 네가 말한 것은 자기효능감 영역인 거야.

자기효능감은 특정 분야에서 네가 잘할 수 있다는 확신이야. 자기효능감을 키우기 위해서 중요한 것은 신뢰 혹은 존경할 수 있는 멘토(선배 혹은 선생님도 가능해)와 함께 작은 일부터 시도해 보는 거야. 예를 들어, 나는 국제교류 프로그램에서 한 학생에게 호텔 비교 견적을 뽑아내고 식사 메뉴도 결정하도록 했어. 아주 어려운 일은 아니지만 어쨌든 스스로 책임지고 결정해야 하는 과정이지. 100명이 먹는 메뉴를 결정하는 것이니까. 이 과정에서 참가자들 만족도가 높으면 너만의 성공 사례가 되는 거야. 이러한 과정을 겪으면 국제교류에 있어 더 어려운 과업을 해결하는 데 자신감이 생길 거야.

좋은 멘토는 칭찬을 통해 너의 자기효능감을 키워줄 수 있어. 네가 신뢰하는 멘토가 네게 칭찬한다면 무슨 일이든 더 잘하고 싶고, 어쩌면 더 큰 책임이 주어지는 일도 하고 싶을지도 몰라. 이때 중요한 것은 네가 멘토를 신뢰하는 거란다. 신뢰가 없다면 멘토가 하는 말은 의미 없는 텍스트일 뿐이야. 신뢰받는 멘토의 칭찬은 네게 내적 동기를 심어주고 작은 성공을 큰 성공으로 이어주기도 해.

다음으로는 단체 활동에 가능한 한 많이 참석해 봐. 경쟁이 있는 대외 활동도 있겠지만 그렇지 않은 경우도 많거든. 예를 들어, 봉사 단체에 가면 팀 혹은 단체의 성공 사례가 너에게 큰 격려를 줄 거야. 이 경우엔 혼자 하는 것이 아니므로 실패의 부담감을 줄일 수도 있어. 나와 구성원이 함께 좋은 결과물은 만들었을 때 자기효능감이 높아질 수 있지. 그리고 이번에는 팀의 구성원으로 나의 역할을 했겠지만 다음에는 네가 리더가 될 수도 있잖아.

끝으로, 조금 식상하지만 되도록 긍정적으로 생각했으면 좋겠어. "사람은 자신이 생각하는 그대로 된다"라는 말이 있어. 사람은 생각과 믿음을 기반한 행동을 차곡차곡 쌓아오고, 그 행동들은 나의 성격과 삶이 된다는 것이야. 우리의 성격과 삶은 우연을 통해 얻은 것이 아니라 생각, 믿음, 행동의 결과물이라는 말이지.

40대 중반이 되면서 내 얼굴을 보니 미간 주름이 깊게 파여 있더라고. 나도 속상해. 그뿐 아니라 매일 아침 자고 일어나면 손바닥에 손톱자국도 깊게 패어 있어. 손바닥에도 주름이 생길까 봐 걱정이란다. 아마도 무의식 속의 내 생각이 내 얼굴과 손을 그렇게 만든 것 아닐까? 놓고 싶지 않은 욕심이나 늘 신경 쓰고 있는 무언가, 더 나아가 누군가에 대한 분노가 있었을지도 몰라. 나의 상황과 삶은 내가 가진 생각 및 믿음과 아주 긴밀한 관계가 있어. 아침마다 손톱자국으로 깊게 팬 손바닥을 보면서 누구의 탓이 아니라 나 자신의 문제라는 것을 이야기해 주고 싶어.

Q. 대학생이 했으면 하는 활동 하나가 있다면?

한 가지라 너무 어렵다. 금융 리터러시(Literacy), 기업가 정신(Entrepreneurship) 훈련, 건강검진 그리고 미술 작품을 읽는 것 네 가지를 해봤으면 해. 앞의 세 가지는 나이가 들거나 필요에 의해 언젠가는 하게 되어 있어. 하지만 미술 작품을 읽는 법은 필수가 아니라는 느낌이 강해서 평생 배우지 않을 수도 있어. 그래서 이번에는 미술 작품 읽는 법을 이야기해 줄게. 자기만의 방법대로 미술 작품을 보면서 즐거움을 느끼기만 해도 충분해. 우리 딸을 보면 개미 한 마리만 보고도 20분을 즐거워해. 기억할지 몰라도 너도나도 어렸을 땐 그랬겠지? 우리는 무언가를 보면서 궁금해하고, 흥미를 느끼면서 자랐거든. 거기서 질문과 사고를 시작했지.

미술 작품을 보는 법이 아니라 읽는 법이라고 표현한 이유는 보는 것에서 시작해서 생각하고 말하고 읽어내는 것으로까지 확장되기 때문이지. 즉, 미술 작품을 읽는 법이란, 미술 작품을 보다 복합적으로 보고, 그림에 대해 스스로 질문하고 답을 찾아가고, 나아가 상상을 추가해 토론까지 한다는 것이야. 일종의 문해력 같은 개념인데 '화(畵)해력'이라고나 할까? 내가 무슨 학자는 아니지만 대략 개념적으로 이해가 됐지?

미술 작품을 읽는 법(화해력)을 강조하는 데는 몇 가지 이유가 있어.

먼저, 우리는 미술 작품을 통해 시각 능력을 확장하고 강화할 수 있어. 사람은 시각에 예민해서 자연스럽게 주변과 사람을 관찰해. 낯선 곳에 가게 되면 말하지 않아도 다른 사람들이 어떻게 행동하는지 살펴보고 따라 하잖아. 혹은 여러 가지 공간에서 안내판과 이미지를 통해 외부 상황을 인식하고 판단하기도 해. 시각 능력을 확장하고 강화하게 되면 어떤 상황에서도 우리는 시각 능력의 유용성을 잘 활용할 수 있어. 그래서 시각 정보를 전환해 다양한 상황을 해석하는 데 큰 도움이 된단다.

다음으로 미술 작품은 사람, 생물, 사물, 감정, 분위기, 복장, 날씨, 빛, 색 등 많은 것을 우리에게 보여주고 있어. 미술 작품을 통해 역사 속의 다양한 시대와 문화에 관한 정보를 얻을 수 있어. 이를 통해 미술 작품에서 정보를 수집하고 알아가는 인지적 장점이 많단다. 가끔 강의할 때, 내가 그림을 보여주고 어떤 상황이냐고 물어보면 굉장히 집중도 잘하고, 정보를 잘 찾아내는 것을 보곤 해.

예를 들어, 김홍도의 그림인 「씨름도」에서 다양한 복장을 한 사람들이 앉아 있는 모습을 보며 '계층 사회일지라도 한 곳에 앉아 있는 것이 가능했구나. 부채를 들고 있는 것으로 봐서 여름이지 않을까. 신발의 모양이 다른데 어떤 신발일까. 버선을 벗지 않고 씨름을 하는 이유는 뭘까?' 등을 생각하게 되지.

끝으로, 인문학적 사고에 크게 도움이 될 거야. 미술 작품 대부분이 인간의 고민에 대한 기록이자 창조물, 그리고 내면의 생각을 외면으로 드러낸 것이거든. 인간은 예술적 본성을 가지고 있어. 작가들은 시대와 사회에 대한 자신의 세계관을 미술 작품을 통해 우리의 오감과 이성에 호소하는 거야. 그들은 작품을 통해 우리의 마음마저 사로잡으려고 최선을 다했지. 우리가 미술 작품을 읽을 수 있을 때 미술 작품뿐만 아니라 미술 작가까지도 나의 영혼과 마음에 영향을 미치게 되거든. 특히, 이 부분은 구성주의*적 관점에서 내가 꼭 알려주고 싶은 부분이야. 개인마다 가지고 있는 정보에 따라 무언가에 대해 이해하고 반응하는 게 달라. 여기서 개인의 정체성

* 구성주의: 모든 지식은 객관적이거나 절대적이지 않고, 인식하는 주체인 사람의 이해와 맥락에 의해 의미가 달라진다는 이론이다.

과 경험의 정도가 달라지지.

 그림을 읽기 위한 구체적인 방법으로는 우선 온라인과 오프라인 모두를 활용해 보면 좋아. 일반적으로 미술 작가들은 직접 갤러리나 전시에 가보라고 할 거야. 물론 맞는 말인데 직접 갤러리와 전시회를 가서 미술 작품을 본다는 게 당장 나와는 거리가 멀게 느껴지기도 하고, 또 분리감에 대한 저항성이 있기도 해. 왠지 전시회 가는 사람들은 고결한 느낌이랄까? 그러니 먼저는 온라인 옥션에서 운영하는 SNS 채널을 연결해 두면 경매에 나온 그림을 손쉽게 볼 수 있어. 가격이 얼마인지, 왜 저 그림은 저렇게 비싼지 알아보면서 쉽게 접근해 보자는 거야.

 옥션 회사에서는 경매 이전에 오프라인 전시를 해줘. 거기에 참석하면 좋은 작품을 다양하게 살펴볼 수 있어. 게다가 시간 여유만 된다면 옥션 거래에 참석해서 미술 시장의 거래를 이해하는 것도 아주 재밌어. 나도 옥션에서 그림을 샀어. 꼭 돈이 목적은 아니지만 운이 좋으면 그림은 가격이 오른다는 경제적 효과도 있어. 관심이 깊어지면 그때 실제 갤러리나 전시회를 가도 늦지 않아.

Q. 늘 혼자 있는 나, 잘못된 건가요?

"교육 시간이었어요. 강의실 안에는 모두 짝이 있었죠, 삼삼오오 모여 모두 재잘거리며 웃음소리 속에서 쉬는 시간을 보내고 있고요. 사실 저만 혼자 있었어요. 저도 그 친구들 틈 사이에 끼어 담소를 나누고 싶었어요. 하지만 그사이에 끼어드는 것이 결례는 아닌지, 이상하게 보이는 것은 아닌지 등 복잡한 생각이 들었어요. 다른 사람들에게 내가 혼자라는 사실을 들키고 싶지 않아 바쁜 척을 했죠. 그리고 무언가 생산적인 일을 하고 있음을 보여주려고 일부러 휴대전화도 마구 살펴보았죠. 그렇다면 혼자여도 상관없으니까요"

"누군가 다가오면서 저한테 인사를 해요. 대꾸하면서 자리에서 일어나야 했는데 일어나지 못했어요. 그 순간 타이밍도 놓치고 할 말도 없고 여러모로 꼬였어요. 몇 분간 대화할 상대를 놓쳤지 뭐예요. 민망한 나머지 복도로 나가서 친한 친구에게 카톡을 보냈어요. 강의실에 분명 많은 청년이 모여 있고 몇 차례 함께 교육을 받았기에 서로 안면은 튼 사이예요. 그런데도 혼자라는 느낌이 드는 것은 이상한 것일까요? 유독 큰 강의실에 가면 혼자라는 감정이 나타나는 이유는 뭘까요?"

"다시는 엮이고 싶지 않은 사람 없었어요? 사실 제가 잘못한 것도 아닌데 그 사람은 자기 기분대로 저한테 말해요. 자기 멋대로 사는 사람이라 손절하려고요"

어때? 너도 공감하는 이야기지? 나도 그랬어. 누구나 한번은 겪었을 일이고, 앞으로 계속 겪게 될 일이지. 게다가 내가 맞고 절대 틀리지 않았다는 에피소드가 한 트럭은 될 거야. 나도 내가 맞고 타인 틀렸다는 이야기를 한다면 열흘 밤은 문제없을 거야. 그래서 나도 한때는 공격적인 생각을 가지고 살았지. '나를 건들면 가만두지 않겠다' 정도? 때론 나는 그 사람이 매우 불편한데 나 빼고 다른 사람들은 전혀 불편한 것 같지 않아서 억울하기도 했어.

다른 사람을 필요로 하고 타인의 도움을 기대하는 것이 잘못된 것은 아니야. 그런데 40대가 되고 보니까 사람에게 걸었던 기대가 무너졌을 때 실망이 크더라고. 타인에 대한 내 기대가 비현실적인 수준일 때 실망의 크기도 더 컸어. 나의 중요성과 필요를 타인과 저울질하려는 순간 좋은 관계를 유지하기는 힘들어. 혹시 넌 다른 사람이 너에게 희망을 주고, 잘해주기만을 바랐던 건 아닐까?

타인을 판단하거나 타인의 이야기만 하는 행동은 하지 말자. 다른 사람에게 기대하는 습관을 깨기 위해서는 너 자신을 존중하는 게 중요해. 처음에도 말했지만 나 자신보다 너를 존중해 줄 사람은 없는 게 사실이거든.

이를 위해서는 '나만을 위한 시간'이 필요해. 일단 문제를 그대로 두고, 자신을 존중하겠다는 뚜렷한 목표를 가지고 혼자만의 시간을 가져봐. 사건에 집중하지 말고, 오로지 나의 마음을 지키려는 생각에 모든 시간을 맡겨두고, 외로운 마음을 제거하려고 노력해 봐.

인간관계를 단계로 나눠보는 것도 좋아. 예를 들어, 1단계 인사만 하는 사이, 2단계 인사+안부를 묻는 사이, 3단계 인사+안부+도움을 주는 사이, 4단계 인사+안부+도움 주기+도움을 요청하는 사이 이렇게 말이야. 모든 사람과 친구가 될 수는 없어. 하지만 적은 만들지 말자는 마음으로 관계를 만들어 보길 추천해.

Q. 모든 게 제 탓처럼 느껴질 때는 어떡해야 할까요?

    국제교류 프로그램을 운영할 때였어. 서울 시내 호텔에서 집합했고 아침 식사 후 공항으로 이동할 계획이었지. 그런데 어느 청년이 하얗게 질린 얼굴로 나를 찾아왔어. 그 청년은 매우 불안해 보였지. 사실 이런 일에 대한 경험이 너무 많기에 문제를 해결하기만 하면 된다고 생각했지. 무슨 일인지 물었더니 여권이 없어서 확인해 봤는데 집에 있더래.

    청년은 다음 항공편으로 중국을 가면 안 되냐고 물어왔어. 단체로 항공권을 예매했기에 그건 불가능한 일이었어. 그 순간에도 그 청년은 뚝뚝 소리를 내며 손가락을 꺾기 시작했어. 얼마나 불안했을까?

그런데 그가 자신을 스스로 학대하기 시작했어. 스스로 멍청이라고 외치고 시계를 보고 그냥 집으로 돌아갈 테니 부모님께 서울까지 데리러 오라고 전화를 했다는 거야. 화를 내고 자신에게 멍청하다고 인생이 꼬였다고 망했다고 말했지. "망했다. 우씨! 인생 겁나 꼬였네!"

나는 그 청년을 데리고 호텔 밖으로 나갔어. "자신에게 그렇게 말하지 마라. 그러다가 더 심하게 저주하겠다. 침착해. 우리는 12시 비행기야. 집이 어디야?" 사실 집은 천안이었고 퀵 서비스로 움직이면 공항에서 여권을 바로 받을 수 있을 법한 시간이었어.

우여곡절 끝에 다행히도 비행기에 무사히 탑승할 수 있었단다. 일정을 마치고 돌아오는 길에 그 청년이 나한테 편지를 썼어.

> 팀장님, 고맙습니다. 저에게 스스로 그렇게 말하지 말라고 해주신 덕분에 그 상황에서 벗어날 수 있었습니다. 그리고 제가 위기 상황에서 부정적인 언행을 한다는 것을 알게 되었습니다. 만약, 다른 사람이 저에게 "네 인생은 꼬였다, 멍청아!"라고 했다면 용서할 수 없었을 것인데 스스로 그런 말을 하는 것이 괜찮다고 생각했다니 멍청했네요^^

이처럼 자기 자신에게 던지는 자기 부정과 저주는 나쁠 뿐 아니라 다른 사람까지 부정적으로 만들어. 모르긴 몰라도 그 청년은 여권을 두고 왔을 때 지난 과거 자신에게 있었던 모든 실수와 잘못이 떠올랐을 거야. 어쩌면 그 상황을 남의 탓으로 돌렸을지도 몰라. 주변 청년들도 그 청년의 분노로 인해 가슴 졸이며 있었을 거고.

어느 청년이 이런 질문도 하기도 했어.

"내가 부유하지 못한 가정에 태어나서 여유 있는 삶을 살지 못하는 것이 내 생각과 마음의 결과라고요? 그냥 주어진 것인데요?"

이를 반증하는 연구 결과가 『SBS』「친절한 경제」를 통해 보도되었어. '부의 사다리'가 정말 끊어졌는지 확인하는 뉴스였는데, 1998년부터 도시에 거주하는 5천 가구를 추적해서 자녀 가구 포함 총 1만 2천 가구를 조사했어. 25년간의 부의 상황을 조사한 것이지. 조사는 1980년생부터 자기 가정의 부를 평가할 때 주관적으로 기억하는 것과 객관적인 지표를 비교하는 방식으로 진행되었어. 그런데 부모의 과거 실제 소득 차이가 자녀의 소득 차이에 크게 영향을 주지 않았다는 결과가 나왔어.

다만, 주관적으로 '어린 시절 가난했다'라고 느낀 집단의 실제 임금 수준이 '우리 집은 그리 나쁘지 않다 혹은 살만하다'라고 느낀 집단에 비해 낮아졌다는 거야. 즉, 실제로 가난했을지라도 '괜찮았어, 우리 집은 살만해'라며 상대적인 박탈감을 덜 느낀 집단의 임금 수준이 높았던 거지. 지금 너희들이 경제 활동은 하고 있지 않지만 긍정적인 마음으로 살아가면 나아질 수 있다는 신호이기도 할 거야. 동시에 나를 포함한 선배들이 제도 개선을 위해 함께 노력해야겠지.

나는 이 결과가 아주 흥미롭다고 생각해. 정확한 인과관계는 아니지만, 객관적 상관관계를 가진 결과였기 때문이지. 게다가 우리나라에서 조사한 거니까. 사실 긍정적으로 살라는 말이 가진 의미에 대한 의문은 누구나 한 번쯤 가져보잖아.

내가 처한 상황이 모두 외부 환경의 결과물이라고 생각한다면 우리는 깊은 패배감에서 벗어날 수 없을 거야. 나보다 나은 환경에 속한 타인의 모습을 보며 고통 가득한 삶을 살게 되겠지. 그런데 계속 이런 식이라면 우리는 새로운 가치와 꿈이 실현되는 세상을 볼 수 없어. 하지만 자기 생각과 믿음의 씨앗에서 새로운 결과물이 나올 수 있다고 믿는다면 자신의 삶에 명령할 수 있어. 그때 비로소 풍요로운 삶의 시작될 거야.

Q. 저의 노력과 진심이 거절당하면 어떡하죠?

"어느 날 갑자기 구성원 중 한 명이 제가 프로젝트를 이끄는 방식에 동의할 수 없다며 프로젝트에서 나가겠다고 해요. 특히, 그 구성원과는 며칠 전부터 속마음을 나누기 시작했다고 생각했거든요. 그래서 더 속상했어요"

"저는 분명 구성원에게 진심으로 대해주었는데 돌아오는 것은 친절이 아니라 거절이었어요"

네가 프로젝트를 앞두고 기분 좋게 D-day를 기다렸고, 창의적인 에너지로 오늘 하루를 시작하는 모습을 봤는데 나도 안타깝다. 너의 생각과 계획이 완전히 어긋나서 당황했지? 다들 열정을 가지고 기분 좋게 시작했던 프로젝트이고, 리더로서 시간과 열정을 더 많이 쏟았는데 말이지.

스스로 나쁜 리더라고 생각하지는 말았으면 한다. 또 다른 구성원도 그만두고 나간다고 하면 어떡하지 하는 마음도 들겠지만 너무 걱정하지도 말렴. 또 일어나지 않은 일에 대해 추측도 하지 않았으면 해. 부푼 기대 속에 시작한 프로젝트에서 갑갑함이 찾아온 데다 구성원 한 명 한 명이 모두 개성이 있고 가치관이 뚜렷해서 더 많은 감정이 생길 거야.

상대방의 감정을 공감하는 것은 아주 중요한 능력이야. 하지만 너 자신의 감정을 통제하지 못하면 네가 더 힘들어질 수 있단다. 희로애락을 느끼는 상대방에게 공감하는 것은 필요하지만 너무 깊이 공감한 나머지 여력이 없어질 정도가 되어서는 안 돼. 너무 이성적으로 말했니? 너도 여러 감정을 느끼겠지만 반드시 너의 감정을 잘 조절하고, 상대방의 고통을 덜어주기 위한 자문을 통해 성숙한 사람이 되었으면 한다.

그런데 사람마다 사용하는 친절과 사랑의 언어가 다르다는 것을 꼭 명심해야 해. 이 부분은 게리 채프먼의 『5가지 사랑의 언어』*를

---

* 게리 채프먼은 『5가지 사랑의 언어』에서 사람은 저마다 사랑과 관심을 표현하고 받아들이는 다섯 가지(① 인정하는 말 ② 스킨십 ③ 선물 ④ 함께하는 시간 ⑤ 봉사) 언어로 나눠진다고 말한다. 각 사람은 이 중 하나 혹은 복수의 사랑의 언어를 바탕으로 이해할 수 있다고 주장한다.

꼭 읽어봤으면 좋겠어. 한쪽이 사용하는 제1의 사랑의 언어가 스킨십이고, 다른 한쪽이 사용하는 제1의 언어는 선물을 주는 거라고 해보자. 제1의 사랑의 언어가 스킨십인 배우자가 슬플 때 안아주는 것은 정말 좋은 사랑의 표현이야. 이때 선물을 주는 것은 특별한 의미가 없지만 스킨십은 상당한 효과가 있지. 즉, 각자가 원하는 제1의 사랑의 언어가 다르다는 의미야.

먼저, 상대방이 너의 진심과 배려에 감사의 표현을 했지만 네가 몰랐을 가능성도 있어. 반대로 네가 한 행동에 대해 더 잘 기억하거나 상대방이 너에게 베푼 친절을 과소평가했을 수도 있어. 이 모든 것은 서로 사용하는 사랑의 언어가 다르기 때문이지. 그런데 이 원리는 사랑뿐만 아니라 일에서도 마찬가지란다.

또 다른 예도 있어. 상대방은 네가 베푼 진심과 배려에 순간순간 응답하는 사람이 아닐 수도 있어. 나도 살아보니까 어떤 청년은 내게 고맙다며 크리스마스 선물을 보내더라고. 그때 깨달았지. 그 청년은 1년에 한 번씩 자신에게 도움을 준 사람에게 감사의 표시를 하고 있었단다.

끝으로는 너의 친절과 진심에 대해 진짜 받기만 하고 보답하지 않는 사람일 수도 있어. 그런 경우는 냉정하게 들릴지 몰라도 더는 네가 친절하거나 애써 잘해줄 필요는 없는 것 같아. 우리 딸이 초등학교에서 같은 반 아이와 갈등이 있었어. 그런데 담임선생님이 반 친구들 모두와 친하게 지내라고 했다는데 사실 나는 크게 동의하지 않아. 그게 성립되려면 선생님들도 모두 서로 친해야 하는데 사실 우리 어른들도 그렇지 않잖아. 그런데 학생들에게만 모두 잘 지내라고 한다면 그건 힘이 없는 교육일 거야.

남을 굳이 미워하거나 남의 뒷이야기는 하지 말고, 너의 품위를 지키기 위해 노력하되 애써 친절하거나 온 마음을 다해 관계를 이어가지는 말라는 뜻이야. 오히려 그보다 처음 보게 될 사람, 앞으로 만나는 새로운 사람과 이어갈 가능성에 대해 기대를 하며 친절을 베풀길 바란다.

내 짧은 경험으로 볼 때, 지금까지 알던 사람과는 충분히 서로 교류하고 연락할 수 있었지만 그럼에도 친한 친구가 되지 못한 경우가 많았어. 하지만 처음 만나는 사람, 업무나 회의에서 새롭게 만난 사람과는 친구가 될 가능성이 있지. 다시 말해, 앞으로 만나게 될 새로운 사람들에게 너의 진심과 친절을 베풀고 그들의 반응을 보면서 관계를 이어가는 것을 추천할게.

Q. 연애? 결혼? 어떤 사람을 만나야 할까요?

나에게 딸이 2명 있어. 내 딸에게 말해주는 것처럼 말해야겠지. 사실 딸에게 해주려고 고민하고 정리했던 이야기가 있어. 언제 또 추가되고 바뀔지 모르겠지만 우리 자녀가 연인을 만날 때 다음과 같은 안목을 가졌으면 한단다. 안목을 제대로 갖춘다면 부모가 간섭한 일은 없을 테니까 말이지.

만약 누군가와 결혼까지 생각한다면 연애 동안 꼭 서로 인생의 사계절(물리적 시간의 12개월이 아니라 인생의 희로애락 관점에서의 사계절)을 지내고 나서 결혼을 결정했으면 한다. 남녀 구분 없이 내가 생각한 기준을 말해줄 테니 너의 상황에 맞게 잘 적용해서 기준을 세워봐.

첫째, 배우고 변화하는 사람이야.

약 20년을 다른 가정과 환경에서 자란 성인이 인격체로서 만나게 되잖아. 그럼 나와 다른 사람에 대해 배우고 변화할 줄 알아야 해. 예를 들어, 내 룸메이트(아내의 별칭)는 아침에 일어나면 아메리카노를 마셔야 하는데 난 그렇지 않았지. 그런데 지금은 아침에 아메리카노를 함께 마신다. 이는 단순 배우자에게만 해당하는 말이 아니야. 딸이 생기면서 지금 유행하는 팝을 함께 불러야 하고, 춤도 같이 춰야 해. 우리 부모님은 치약을 중간에서 짜나 끝에서부터 짜나 하는 것으로 다투기도 하셨어. 나이가 들수록 나의 고집을 내려놓고, 다른 생각과 가치관 그리고 새로 유입되는 문화를 받아들이고 변화할 줄 아는 유연성을 갖춰야 한단다. 반대로 전혀 변화를 받아들이지 못하는 사람과 만난다면 지금은 좋을지도 모르지만 시간이 지날수록 그 관계는 유지하기가 쉽지 않을 거 같아.

둘째, 한 방이 있다고 생각하는 사람은 피하는 게 좋아.

오늘 당장 실직을 당하더라도, 내일 일용직을 할 수 있는 성실한 사람이면 좋겠어. 주변을 보면 종종 근거 없는 자신감을 내세워 "내가 어떤 사람인데 그런 하찮은 일을 하나"라고 하며 한 방이 있다고 일을 하지 않는 사람이 있어. 극단적이지만 드라마에 보면 자신은 일을 안 하면서 부인에게 돈을 가져오라고 요구하는 남편도 종종 나오잖아. 혹은 일확천금을 기대하며 로또를 사고, 손쉽게 큰 돈을 얻으려는 사람도 있어. 당장이라도 자존심을 내려놓고 일을 하는 생활력과 성실함을 갖춘 사람을 찾기 바란다. 지금 실패하고 낙방하더라도 훌훌 털어버린 후 주어진 일에 꾸준하고 성실하게 노력하는 사람이면 좋겠다.

셋째, 인격을 수양하고 성품을 훈련하는 사람을 만나길 바란다.

내가 끔찍하게 생각하는 장면이 있어. 가끔 지하철에서 "너 몇 살이냐?"라고 소리 지르며 다툼을 하는 장면을 볼 때야. 누구에게나 화가 나거나 감정과 기분이 요동치는 상황이 있어. 그 감정과 기분을 말과 행동으로 그대로 드러내면 좋지 않아. 자중해야 해. 나의 연인 혹은 배우자 외의 다른 매혹적인 이성을 보면 다른 감정과 기분이 요동칠 수도 있어. 하지만 그 감정과 기분을 말과 행동으로 옮기는 것은 그야말로 '불륜'이야. 자녀를 대상으로 이야기해 볼까? 딸이 시도 때도 없이 노래 부르고 춤을 춰, 그걸 바라보는 아빠가 소리 지르고 화를 내는 게 맞을까? 충분히 이해했겠지?

넷째, 인생의 사계절에서 마주하는 상황들을 어떻게 해결하는 사람인지 꼭 확인해 봐.

연인이 잘 나갈 때 교만한 모습을 보이거나 다른 사람을 무시하지는 않는지 확인해 봐야 해. 정말 인생의 바닥으로 떨어졌을 때도 나와 함께 공유하고 그 상황에서 벗어날 수 있는 사람인지도 확인해야 해. 좋은 시절과 나쁜 시절은 혼자 해결하고 결정하려고 하면 지속 가능한 관계 유지가 어려워질 수 있어. 예를 들어, 큰돈을 써야 하는 자동차 구매 혹은 집을 매수할 때 상의 없이 혼자 결정한다고 생각해 봐. 또 다른 예로, 남성들이 대부분 집을 구하고 나면 결혼을 한다고 하는 경우도 있어. 집을 꼭 남자 혼자 구할 필요는 없어. 연인과 함께 내 집 마련의 비용을 만들어 가면 좋지 않을까? 남성과 여성을 꼭 구분하면서 재정 수입을 자존심으로 내세울 필요가 없다고 생각해. 연인과 문제를 공유하고 함께 해결해 가는 지혜가 있기를 바라.

마지막, 신체가 건강한 사람이야.

여성은 잘 모르겠는데 남성인 내 기준으로 말할게. 남자는 엉덩이가 가벼웠으면 한다. 피곤하고 아프다는 이유로 소파와 침대에 일어나지 않는다면 가정에서 일하기가 쉽지 않아. 자녀가 생기면 더더욱 엉덩이가 가벼워야 해. 나도 이걸 깨닫는 데 시간이 오래 걸렸어. 아기를 낳으면 번쩍 들어 올려서 기저귀도 갈아줘야 하고 샤워도 시켜야 해. 그러니 운동을 꾸준히 하면서 상대가 피곤할 때 대신 힘을 써 줄 수 있는 사람이면 좋겠다. 그리고 신체가 건강하면 2세도 건강할 확률이 높아. 노후에도 더욱 윤택한 삶을 살 수 있을 거고.

Q. 꿈은 어떻게 찾아야 하나요?

우리는 옛날부터 부지런하고 성실함을 미덕으로 삼았어. 어렸을 적 읽던 동화에서도 부지런함을 '절대 선'으로 표현했지. 내가 학교 다닐 때는 급훈이 '근면, 성실'이었을 정도지. 그런데 아이러니하게도 근면, 성실하게 산다고 해서 꿈을 잘 찾는 것 같진 않아.

가정과 학교, 심지어 직장에서도 다른 건 다 가르쳐 주면서 쉬거나 잘 노는 방법은 안 가르쳐 주더라고. 너무 신기하지 않아? 창의적 인재 혹은 융합형 인재를 주장하면서 쉬거나 잘 노는 방법은 가르쳐 주지 않다니. 창의적인 에너지는 쉬거나 놀 때 나오는 법인데 말이야.

나는 꿈을 찾는 것은 행복을 찾는 것과 같다고 생각해. 너희들이 최신곡에 맞춰 춤을 추고 자연스럽게 어깨가 들썩거리는 모습을 보면 정말 행복해 보여. 그 모습을 볼 때면 너희들의 미래를 크게 걱정할 필요가 없다는 생각이 들어. 결국 행복하고 재미있고 잘 놀 줄 아는 게 자신의 꿈을 찾는 데 필요하다고 생각하기 때문이야. 나는 대학생 시절 너무 가치를 추구하다 보니 재미를 잃고 살았던 것 같아. 행복하고 즐거운 때를 많이 알수록 꿈을 찾는 데 수월한데 말이야.

어느 책에서 봤는데 일상생활에서 창의성이 가장 높아지는 때는 산책하거나, 음악을 들으며 운전할 때, 그리고 샤워할 때래. 역설적으로 어떤 문제를 풀고자 집중하는 상태에서는 창의적일 수 없다는 말이지. 자주 산책하고, 신나게 놀다 보면 창의적인 생각을 하는 것 같아. 나도 산책할 때 상대방과 이야기를 나누다 보면 괜히 실없는 농담도 하게 되고 직장 상사에게도 말하는 게 훨씬 수월해지는 걸 느끼거든. 이렇듯 행복하고 즐거운 시간을 통해 꿈을 찾는 데 가까워질 수 있다고 생각해. 몇 가지 방법을 소개해 볼게.

먼저 사소한 재밋거리를 찾아봐. 사소한 재미는 제법 오래 유지할 수 있어. 최근에 나는 와인을 마시는 사소한 재미를 새롭게 발굴했어. 사소한 즐거움이 많아지게 되면 다양성이 보장되는 것과 같아. 다양성이 보장되고, 그 다양성에서 만족도가 높아지기 시작하면 획일적인 사회에서 창의적이고 다채로운 사회로 변화하게 될 거야. 그렇게 되면 네게 꿈을 찾는 데 있어서도 이전엔 없던 새로운 직업이 생길 거야. 유튜버가 생긴 것에도 이와 유사한 과정이 있었지. 불과 2010년대만 해도 유튜버가 하나의 직업이 되리라 생각하지 못했는데 말이야.

둘째, 낯선 곳을 의도적으로 방문하고 새로운 시도를 해봐. 선택지가 익숙함과 익숙하지 않음으로 나뉘어 있으면 옳고 그름으로 세상이 정리되지 않을까? 예를 들어, 전통 시장 방문이나 기프트 박람회 방문을 추천해. 시장에 가보면 내가 그간 경험하지 못했던 다양한 사람을 만날 수 있어. 살아 있는 숭어, 가물치나 황소개구리도 발견할 수 있지. 예상치 못한 곳에서 나를 돌아볼 기회가 분명 찾아올 거야. 또한 기프트 박람회를 가면 아이디어 상품을 많이 볼 수 있어. 지금까지와 다른 무언가를 찾으면 흥미나 재미가 생기기 마련이지. 그것이 쌓이다 보면 나만이 할 수 있는 영역에서 새로운 재미를 찾게 되고, 그 영역에서 하고 싶거나 잘하고 싶은 일 혹은 만들고 싶은 것을 발견하게 될 거야. 기프트 박람회에서 눈여겨봤던 보조배터리를 회사 기념품으로 먼저 사용했는데 주변의 만족도가 아주 높았어.

끝으로, 좋은 느낌이 드는 일에 시간과 에너지를 투자해 봐. 우리 이 이야기 끝나고 뭐 먹을래? 아무거나라고? 뜬금없지? 그런데 '아무거나'라고 답하는 건 재미없잖아. 나도 이게 어렵지만 노력하고 있어. 이는 우리가 언제 정말 즐겁고 행복한지를 잘 몰라서 그래. 뭘 먹어야 재밌고 좋은 느낌이 드는지 모르는 거지.

실제로 연구에 따르면 자신이 좋은 느낌이 드는 일에 투자하는 시간은 평균 2시간 40여 분이지만 좋은 느낌이 들지 않는 일에 사용하는 시간은 평균 9시간이 넘는대. 지금 행복한 꿈을 꾸는 사람이 나중에도 행복한 삶을 살 수 있는데 말이야. 참고 견디고 성공한 후에 행복해진다는 생각은 하지 마. 지금 행복해야 나중에도 성공하지 않을까?

● 에필로그

　이전에는 정해진 목적지를 뚜렷한 길을 따라 걸어가는 삶을 살았다면, 성인이 되어서는 어떤 목적지로 향할지, 그리고 어떠한 길을 걸을지부터 정해야 합니다. 그야말로 의사결정의 연속인 삶을 사는 거죠. 겨울 눈이 소복하게 덮인 길을 본 적이 있나요? 한 번도 밟지 않아 기존 길이 어딘지 알 수 없는 눈길 말입니다. 그 길에 첫 걸음을 내디디면 누군가는 그 발자국을 보고 뒤따르게 될 수도 있을 것입니다.

　그 과정에서 겪게 되는 시행착오는 피할 수 없는 숙명입니다. 때로는 잘못된 결정에 크게 후회할 수도 있고, 걷고 있는 길이 맞는지를 의심하며 가던 걸음을 멈출 수도 있습니다. 이는 상이한 환경에서 다른 꿈을 찾아 걸어왔던 6명의 저자가 모두 겪어온 과정이기도 합니다.

　한 저자는 남들이 모두 부러워하는 서울대를 졸업한 후 전공과는 전혀 다른 길인 셰프의 길을 걷고 있습니다. 또 다른 저자는 이름조차 생소한 탄자니아라는 국가에서 '자동차 정비의 한류'를 꿈꾸고 있습니다. 자신의 길을 빠르게 정하는 것도 물론 좋습니다. 하지만 저자들은 저마다 건강의 문제를 맞닥뜨리기도 하고, 꿈을 조금 늦게 찾기도 하지만 더욱 단단하고 확실하게 자신의 길을 만들어 나가고 있습니다. 그러한 경험 속에서 빠르게 길을 걷는 것보다는 내가 걷는 길이 진짜 나의 길인지에 대한 확신과 신념이 삶을 더욱 윤택하고 행복하게 만든다는 것을 알게 되었을 것입니다.

그렇기에 이 책을 쓰기로 결심했습니다. 한 명 한 명의 경험은 흘러가는 물감 한 방울이지만 그 방울들을 모으면 온전한 그림을 그려낼 수 있기에, 다양한 환경에 있는 독자들과 고민의 공감대를 함께하고자 한 것입니다.

저희는 이 책을 통해 각자가 생각하는 본질에 관한 이야기를 써 내려갔습니다. 이를 통해 독자들의 선택을 응원하고 넘어졌을 때라도 다시 일어날 수 있게 하는 방법을 제시했습니다. 정리하면, 이 책에 담긴 이야기는 누구에게나 동일하게 주어지는 시간을 어떻게 사용할 것인지, 누구에게나 동일하게 다가오는 도전과 선택에 대한 두려움을 어떻게 받아들일 것인지에 대한 것입니다. 더불어, 꿈과 별개로 마주하게 되는 현실적인 문제들을 해결하는 방법을 제시함으로써 각자에게 주어진 시간을 보다 잘 활용하길 바라는 마음을 담았습니다.

거듭 반복하지만, 이 책은 각자가 생각하는 성공한 삶에 다다르는 최적화된 길과 방법을 담은 책이 아닙니다. 오히려 조금 돌아가더라도 스스로의 선택을 따라 걸을 수 있게 응원하고, 막다른 길에 다다라 포기하게 되더라도 다시 일어서면 된다는 메시지를 전하는 책입니다.

삶에는 분명 각자에게 적합한 정답이 존재합니다. 하지만 모두가 답이 없다고 하는 이유는 같은 문제에 대해서도 개개인 모두가 다른 답을 가지고 있기 때문입니다. 내가 걷는 길이 나에게 꼭 맞는지를 알 수 있는 방법은 무엇일까요? 자신에 대한 진지하면서도 철저한 고민만이 유일한 해답이 될 수 있습니다. 내가 걷고자 하는 길이 정말 나를 행복하게 하는 길인지, 아니면 남들의 영향을 받아서 행복하다고 믿는 길인지를 분간해 내는 과정은 결코 쉽지 않지만, 절대적으로 필요합니다.

중요한 것은, 내가 지금 걷고 있는 길이 내가 정말 원하는 길인지에 대한 확신입니다. 이를 통해 지금의 나, 또는 미래의 내가 진정으로 행복할 것이라고 믿는 것이 중요합니다. 그렇기에 아무도 걷지 않는 길이라고 해도 나의 삶의 형태에 부합하면 옳은 것이며, 거꾸로 모두가 좋다고 이야기할지라도 나에게 옳지 않는다면 그른 것입니다.

청년들이 걸어갈 수많은 고민의 여정에 이 책이 조금이나마 도움이 되기를 바라며, 글을 마칩니다.

6명의 저자가 청년에게 드림(Dream)

대학생활
완전정복

초판 1쇄 발행 2024. 11. 14.

지은이 김민수, 김서환, 박덩이, 윤준필, 이성환, 주광호
기획·엮은이 윤준필
도운이 사단법인 글로벌한상드림(www.hansangdream.org)
홍보지원 드림스폰(www.dreamspon.com)
펴낸이 김병호
펴낸곳 주식회사 바른북스

편집진행 박하연
디자인 양헌경

작가 연락 이메일 yunjunpill@naver.com

등록 2019년 4월 3일 제2019-000040호
주소 서울시 성동구 연무장5길 9-16, 301호 (성수동2가, 블루스톤타워)
대표전화 070-7857-9719 | **경영지원** 02-3409-9719 | **팩스** 070-7610-9820

·바른북스는 여러분의 다양한 아이디어와 원고 투고를 설레는 마음으로 기다리고 있습니다.

이메일 barunbooks21@naver.com | **원고투고** barunbooks21@naver.com
홈페이지 www.barunbooks.com | **공식 블로그** blog.naver.com/barunbooks7
공식 포스트 post.naver.com/barunbooks7 | **페이스북** facebook.com/barunbooks7

ⓒ 김민수, 김서환, 박덩이, 윤준필, 이성환, 주광호, 2024
ISBN 979-11-7263-738-5 03190

·파본이나 잘못된 책은 구입하신 곳에서 교환해드립니다.
·이 책은 저작권법에 따라 보호를 받는 저작물이므로 무단전재 및 복제를 금지하며,
이 책 내용의 전부 및 일부를 이용하려면 반드시 저작권자와 도서출판 바른북스의 서면동의를 받아야 합니다.